ABRO LA PUERTA A LA *abundancia*

Título original: Open the Door to the Abundance
Traducido del francés por Miguel Portillo Díez
Diseño de portada: Editorial Sirio, S.A.
Maquetación de interior: Toñi F. Castellón

C/ Rosa de los Vientos, 64
Pol. Ind. El Viso
29006-Málaga
España

www.editorialsirio.com
sirio@editorialsirio.com

I.S.B.N.: 978-84-18000-12-6
Depósito Legal: MA-1884-2019

Impreso en Imagraf Impresores, S. A.
c/ Nabucco, 14 D - Pol. Alameda
29006 - Málaga

Impreso en España

Puedes seguirnos en Facebook, Twitter, YouTube e Instagram.

CLAUDIA RAINVILLE

ABRO LA PUERTA A LA *abundancia*

EDITORIAL SIRIO

A todas y todos los que aspiran a vivir plenamente.

Índice

Agradecimientos

Escribo desde hace casi treinta años. Empecé autoeditándome y solo me conocían en Quebec. Un tiempo después, DG Diffusions comenzó a distribuir mis libros en librerías de lengua francesa, y gracias a eso hoy me conocen también en Francia, Bélgica y Suiza. Luego llegaron otros editores, así que ahora mis libros se leen además en Italia, España, Alemania, Rusia, República Checa, América del Sur e incluso Japón, por nombrar solo algunos lugares.

Todo esto no hubiera sido posible sin vosotros, mis queridos lectores, que habéis recomendado u ofrecido mis libros a vuestros seres queridos.

Todo esto no hubiera sido posible sin mis queridos participantes en mis seminarios, con quienes he aprendido tanto.

Me gustaría agradecer a todos los autores que me han enriquecido a través de sus escritos, así como a la Divinidad que me inspira en lo que enseño.

Un agradecimiento especial para mi compañero, Yvan Herin, que me ha apoyado a lo largo de mis escritos, y a Danièle Duluc, que me ha ayudado en la revisión lingüística de este libro.

Y, finalmente, un agradecimiento muy sincero a todas las personas que, a lo largo de los años, han contribuido a la edición, impresión, distribución y venta de mis obras.

Sé que la aventura no ha terminado y que aún me quedan varios libros por escribir, pero me gustaría expresarles a todos mi más profunda gratitud.

Prólogo

Yo he venido para que tengan vida, y para que la tengan en abundancia.

San Juan, 10: 10

Quería escribir este libro desde hace muchos años, pero cuando se presentaba la ocasión, escribía otro. Sé que cada autor escribe lo que corresponde a su estado de ánimo del momento, así como cada lector lee un libro y no otro según sus intereses o necesidades. ¿Cuántas veces he escuchado a un lector decirme: «Tuve tu libro en una estantería de mi biblioteca durante años. Cuando empecé a leerlo, me sentía tan identificado que me dije a mí mismo: "Pero ¿por qué no leí este libro antes?"», o algo parecido?

Con anterioridad, este lector no estaba preparado. Yo tampoco estaba lista para escribir este libro. Antes de estarlo necesitaba trabajar en la causa de mis problemas de salud y mis dificultades en las relaciones. Antes, necesitaba sanar mi relación de pareja... Así que mis escritos se centraron en todo ello.

Las crisis sociales y económicas de los últimos años han provocado que muchas personas desarrollen afecciones vinculadas con el miedo a las carencias, a la escasez: escasez real o miedo a la falta de recursos, dinero, formación, trabajo, oportunidades... Es algo que afectó a miembros de mi familia, de mi equipo, a gente a la que admiraba y que, aunque habían dado lo mejor de sí mismos, tuvieron que enfrentarse a problemas económicos. Me di cuenta de que era urgente que escribiera este libro para recordarles que son los creadores de la situación económica que viven y que pueden transformarla.

Si crees ser menos afortunado que otra persona, o si no recibiste el apoyo que necesitabas, este libro te mostrará cómo construiste los límites a los que te enfrentas, cómo liberarte de ellos y cómo abrir la puerta a la abundancia.

Recuerda, sin embargo, que no es lo que sabes lo que puede cambiar tu vida, sino lo que estás dispuesto a hacer con ella. Puedes leer este libro de un tirón si así lo deseas, pero si lo haces sin tomarte el tiempo para meditar sobre las preguntas que se te proponen, es posible que no cambien muchas cosas en tu vida.

Por el contrario, si estás dispuesto a invertir en este enfoque que voy a mostrarte a continuación poniendo en práctica lo que se enseña en este libro, puedes estar seguro de que la puerta de la abundancia se abrirá para ti y que estarás libre del miedo a la escasez.

Con mi confianza en tu potencial de transformación y mi gratitud por tu interés en mi trabajo, te deseo que conozcas la plenitud y la realización de tus sueños.

Tu amiga Claudia

Primera parte

Me libero de lo que me impide acceder a la abundancia

Cada uno obtiene lo que quiere.
Cada uno obtiene lo que cree que puede obtener.
Cada uno tiene el mérito que ha creado para sí mismo.
Cada uno tiene lo que necesita para su evolución.

Capítulo 1

Cada uno obtiene lo que quiere

Estaba felicitando el Año Nuevo a mis amigos y aproveché para saludar a Aline, una vieja amiga mía, con quien no había estado en contacto desde hacía mucho tiempo.

Me sorprendió gratamente su respuesta:

> Querida Claudia,
>
> Veo que sigues creándote una buena vida y realizando tus sueños. Genial. Felicitaciones por tus logros. En cuanto a mi vida, te diré que es plena. Se desarrolla en la simplicidad, la fantasía, el servicio, el aprendizaje, las elecciones espontáneas, algunos viajes y finalmente algo de tiempo para mí.

Estas pocas líneas me llevaron treinta años atrás, cuando ambas estábamos inscritas en el centro Écoute Ton Corps.* En esa época, estaba considerando el proyecto de tener mi propio centro de desarrollo personal. Había dado un gran salto al dejar un

* Centro de desarrollo personal fundado en 1982 en Quebec por Lise Bourbeau.

empleo bien remunerado en el campo de la microbiología médica. Quería creer en las enseñanzas de Herbert Beierle, un filósofo brillante que había venido al centro de Écoute Ton Corps para presentarnos su seminario *Master your Life* [Sé el dueño de tu vida]. Nos invitó a cantar *Dream the imposible dream** [Sueña el sueño imposible]. Tuve un sueño que me parecía imposible, el de ser escritora. En ese momento, no era consciente de la aspiración todavía más profunda que contenía ese sueño. Solo lo descubrí avanzando hacia su realización.

Mi aspiración era ser útil a mis hermanos y hermanas en esta tierra. Era consciente de que tenía que liberarme de mis propios sufrimientos, pero por fortuna descubrí lo suficientemente pronto que al ayudar a otros, era a mí a quien estaba ayudando. Así que continué en ese camino. También era consciente de que tendría que avanzar paso a paso.

El primer paso que consideré fue abrir mi propio centro de desarrollo personal. Sin embargo, estaba a favor de la colaboración. Si, en algunos puntos, Lise y yo nos parecíamos, en otros estábamos cada una en el otro extremo del espectro. Mientras Lise se convirtió en maestra en la gestión de su tiempo, yo me sentía cómoda improvisando. Ella era la empresaria y yo la artista, pero ¡qué pareja estupenda formábamos! Yo estaba al tanto de eso, y era la razón por la que quería avanzar en una colaboración autónoma.

Mi amiga Aline enseñaba a niños pequeños. La conocí durante un seminario de capacitación para la facilitación de grupos. Me recordaba a una monja. A ella le divertía esa analogía. Un día llegó a ponerse un hábito en una obra de teatro que habíamos organizado. De todos los participantes, era de quien más cerca me sentía, así que durante aquellos meses de formación nació una bonita

* La autora cuenta más detalladamente sus tres años junto a la que fuera su mentora, Lise Bourbeau, y su encuentro con el doctor Herbert Beierle en su libro *Ma vie pour la Lumière*. La canción a la que hace referencia es el tema principal del musical *El hombre de la Mancha,* basado en la figura de don Quijote.

complicidad. Al final, le presenté mi proyecto y le ofrecí participar conmigo en la apertura de un centro Écoute Ton Corps en las afueras de Montreal. Creyendo que aquello le ofrecería la oportunidad de cumplir con sus deseos, accedió a unirse a mí. Las dos estábamos muy entusiasmadas con ese nuevo comienzo. Yo tenía treinta y cinco años y Aline unos años más.

Nuestro centro fue un gran éxito, pero, una vez pagados todos los gastos, no nos quedó casi nada para nosotras. Aline, que pensaba que dispondría de más tiempo para sí misma, se encontró con aún menos, y eso le hacía sufrir. Por mi parte, empecé a pensar que el treinta por ciento de los derechos de explotación solicitados por la central era un porcentaje demasiado elevado, y quise renegociar el contrato con Lise. En lugar de eso, ella nos ofreció reembolsarnos nuestra inversión y hacerse cargo del centro por sí misma.

Esto nos obligó a un replanteamiento: debíamos aclarar lo que queríamos hacer con nuestras vidas.

Aline prefería una vida sencilla en la que tuviera tiempo para hacer lo que deseaba, mientras que a mí me gustaba ser un instrumento de transformación para los demás.

La vida de Aline parecía un hermoso y tranquilo lago, y la mía era un torrente que chocaba contra las rocas en su camino. Sin embargo, cada una de las dificultades que encontré me ofreció la oportunidad de aprender y buscar en mi interior respuestas, lo que me permitió guiar a otros por el camino de su evolución para llevarlos del sufrimiento a la felicidad.

Sin duda habíamos atraído exactamente lo que queríamos: Aline había tenido la vida simple y plena que ella quería, y yo una vida de aprendizaje al servicio del despertar de las conciencias.

Y tú ¿qué quieres? ¿A qué aspiras? ¿Tienes un sueño que te parece imposible?

Les hice estas preguntas a los participantes en un seminario sobre el éxito. Dirigiéndome a uno de ellos, le pregunté:

–¿Te gustaría ser presidente?

–¡No, nunca querría ser presidente!

–¿Por qué? ¿Por qué?

–Porque no quiero estar cargado de responsabilidades. Yo quiero tener tiempo para estar con mi esposa y mis hijos...

Su respuesta implícita decía: «No quiero ser como mi padre, que era presidente de una gran empresa y que nunca estuvo ahí para nosotros...».

La mayoría de la gente sabe mejor lo que no quiere que lo que realmente quiere.

Sus elecciones son a menudo reacciones a lo que no quieren: «No quiero vivir la vida de mi madre: casarme y tener hijos», «No quiero ser esclavo del trabajo», «No quiero trabajar por dinero, quiero hacer lo que me gusta»...

Otros pensaban que tenían que hacer lo que se esperaba de ellos: «Mi padre quería que me hiciera cargo del negocio familiar», «Mi madre deseaba que me casara con el hombre que ella consideraba un buen partido para mí», «Mis padres insistían en que fuera a la universidad», «Mi esposa quería que dejara mi trabajo para ayudarla en su negocio»...

Una participante con un eczema persistente en las manos desde hacía años vino a verme. Le pregunté qué estaba haciendo en el momento en que apareció el eczema. Resultó que no le gustaba su trabajo. Luego dejó ese trabajo. El eczema no desapareció, no se trataba de eso. Sin embargo, ya no tenía que enfrentarse a un puesto que no le gustaba. Cuando le pregunté, me di cuenta de que estaba tratando de convencerme para convencerse mejor a sí misma. Le pregunté entonces:

–Si ganaras dos millones de euros en la lotería, ¿qué harías?

–No se trata de dinero... –contestó ella.

–Ah, ¿no? Entonces, ¿qué es?

–Me pregunto si no me habré equivocado en todo...

Sintiendo que era mejor darle tiempo para encontrar su propia respuesta, no fui más lejos en nuestro intercambio y la dejé marcharse.

Volvió dos meses después, completamente curada del eczema en las manos, y me confió:

> Cuando me preguntaste qué haría si ganaba dos millones de euros a la lotería, no te contesté porque era incapaz de responderte. No sabía lo que quería. Después de aquello, estaba totalmente trastornada. Tus preguntas habían sacudido mis convicciones. ¿Sabes?, durante toda mi vida he hecho siempre lo que creía que se esperaba de mí. He sido una buena hija para mis padres, una buena esposa para mi marido, he intentado ser una buena madre para mis hijos, pero nunca me había preguntado qué era lo que yo quería. Bueno, pues luego lo descubrí... Me gusta hacer gimnasia. He empezado asistiendo a cursos, y, más tarde, me gustaría enseñarla. Mi madre me ha inculcado la idea de que una buena madre debe quedarse en casa para cuidar de sus hijos y por eso traté de ser una buena madre. Pero desde que nos conocimos, he entendido que si no soy feliz, no puedo hacer felices a mis hijos, y que no es la cantidad de tiempo lo que importa, sino la calidad que puedo ofrecerles, y que esta calidad solo puedo dársela siendo yo misma.

Y tú, ¿sabes lo que quieres?

¿QUÉ ES LO QUE QUIERES A NIVEL PROFESIONAL?

¿Qué trabajo deseas hacer?

¿Cuántas horas o meses al año quieres dedicarle?

¿Qué nivel te gustaría alcanzar?

¿A qué aspiras a nivel económico?

¿Cuánto quieres ganar?

¿QUÉ ES LO QUE QUIERES A NIVEL RELACIONAL?

¿Deseas vivir una relación de pareja sin compromisos?

¿Prefieres quedarte soltero y tener muchos amigos?

¿Te inclinas por casarte y tener hijos?

¿Deseas vivir una relación de pareja comprometida en la que te sientas libre?

¿QUÉ ES LO QUE QUIERES A NIVEL ESPIRITUAL?

¿Deseas sentirte libre y feliz?

¿Quieres tener un maestro que te inspire?

¿Qué te gustaría dejar en este mundo después de que te vayas?

Cuando hago estas preguntas en mis seminarios, a menudo obtengo respuestas como estas:

«Me gustaría ser un gran periodista o una gran cantante pero no tengo el potencial para eso».

«Me gustaría ser psicóloga, pero no hice los estudios necesarios y no puedo permitirme el lujo de seguir cursos universitarios».

«Me gustaría viajar, pero no me lo puedo permitir».

«Me gustaría tener una bonita casa, pero no tengo suficiente dinero para siquiera pensar en ello».

Te invito a escribir espontáneamente lo que te venga a la cabeza, que empiece con: «Me gustaría...»

Me gustaría ....

Me gustaría ....

Me gustaría ....

Si has escrito: «Me gustaría ser artista...», ¿por qué querrías ser artista? ¿Será para tener una sensación de éxito? Puedes lograr esa sensación sin tener que ser artista.

Si has escrito: «Me gustaría ser psicólogo...», ¿por qué querrías ser psicólogo? ¿Para ayudar a los demás? Puedes hacerlo sin necesidad de ser psicólogo.

Si has escrito: «Me gustaría viajar...» pero al mismo tiempo estás pensando: «... pero carezco de los medios...», podrías encontrar un trabajo que implicara viajar de un país a otro.

Cuando se dice: «Me gustaría...», a menudo se sobreentiende: «Quiero... pero no creo que sea posible».

¿Qué es lo que te hace pensar que no es posible?

Tus únicos límites radican en lo que crees que puedes obtener.

Un árbol de gran diámetro nació de una raíz tan delgada como un pelo; una torre de nueve pisos salió de un puñado de tierra; un viaje de mil leguas comenzó con un paso.

Lao Tzu, 570-490 a. C.

Cuando eras niño, ¿qué querías?

–Cuando era niño, quería ser especialista de cine –dijo uno de mis participantes.

– Oh, sí, ¿por qué?

–Porque me gusta correr riesgos.

–Pero ¿qué es el riesgo para ti?

Nunca se había hecho esa pregunta antes. Cuando alguien se arriesga, ¿no es para obtener algo más o para probarse a sí mismo que puede hacerlo? Detrás del riesgo, ¿no hay un deseo de superación?

–¿Podría ser que tu deseo sea exceder tus límites personales o los del lugar donde naciste?

–No lo sabía, pero eso es exactamente lo que es.

Otro me contestó:

–Cuando era niño, no podía tener deseos ni sueños. Solo podía obedecer y hacer lo que se me pedía.

–Eso no significa que no tuvieras sueños, pero tal vez pensaste que nunca podrías hacerlos realidad.

–Es cierto que, a diferencia de otros, nunca he tenido grandes ambiciones en la vida. Aprendí muy pronto a estar satisfecho con lo que tenía, y no tenía la sensación de estar sufriendo. Pero, como ahora me siento limitado en mi vida, me pregunto si no me limité pensando que soñar equivalía a acabar decepcionado.

Durante mis años de seminarios, he escuchado a menudo a mis participantes decir cosas como: «Lo que a mí me importa es tener suficiente dinero para pagar mis gastos...». Rara vez he oído a alguien decirme que quiere ser rico. Porque, en el mejor de los casos, querer ser rico podía pensarse, pero decirlo no resultaba apropiado.

Durante mis primeras conferencias en Francia, pensé que complacería a mis oyentes ofreciéndoles un descuento en el precio de mis libros. Pronto descubrí que el dinero era un tema tabú. No he vuelto a mencionar el precio de mis libros.

Yo misma no me habría atrevido a decir que quería ser rica. Sin embargo, recuerdo que cuando era niña, solía alimentar ese deseo. En mi educación religiosa, nos enseñaron que era más difícil para un rico entrar en el reino de los cielos que para un camello pasar por el ojo de una aguja. Concluí que si fueras rico, no podrías ir al cielo. Pero yo quería ir al cielo.

Esto me planteó un terrible dilema. Por un lado, tenía muchas ideas que me facilitaban ganar dinero y, por otro, me sentía culpable por tener más ideas que los demás. Así que, para sentirme mejor, hice que otros se beneficiaran de ellas, lo que me valió mi billete de ida al paraíso.

Pero ¿por qué quería ser rica?

Mi madre era viuda y vivíamos en un pequeño apartamento que compartíamos entre siete. Sin embargo, estábamos bien alimentados y bien vestidos, porque mamá se aseguró de que tuviéramos una buena alimentación, y como era costurera, nos hacía la ropa. Un día, la madre de mi mejor amiga me regaló un par de zapatos de su hijo. Estaban prácticamente nuevos, pero eran unos zapatos de chico, que ella no le habría dado a su hija. Avergonzada, los acepté, pero no los usé. Esa mujer no quería humillarme, pero me hizo sentir como una niña pobre ante su regalo. Era una sensación que no quería volver a sentir.

Ya de adulta, no tuve dificultad en donar mi ropa, pero no habría usado ropa que perteneciera a otros. Para mí, lo que era «nuevo» equivalía a «riqueza» y «usado» equivalía a «pobreza». Para una amiga mía, afortunada, era al contrario: recibir ropa donada era como sentirse rica. Todo está, pues, en la interpretación que les damos a las situaciones en las que nos encontramos.

Para no sentirme más como una persona pobre, quería tener ropa bonita, coches estupendos, casas preciosas, pero al mismo tiempo tenía miedo de provocar un sentimiento de inferioridad a personas que tenían menos que yo. Así que cuando me felicitaban por mi ropa, me apresuraba a desvalorizarla diciendo: «Hace años que lo tengo» o «No me costó mucho». Podía ir tan lejos como para llegar a darle esa bonita prenda que llevaba puesta a la persona que me había hecho el halago. Por un lado, quería ser rica, y por otro lado, tenía miedo de herir a quienes tenían menos que yo.

Eso puede hacernos entender por qué hay gente muy rica que vive como si fuera pobre. Estas personas se sienten a veces molestas por ser ricas, así que intentan mezclarse con la masa sin mostrar nada de su riqueza.

Había otra razón por la que quería ser rica. La madrina de mi mejor amiga era económicamente acomodada. Viajaba mucho. En cada uno de sus viajes, le traía una preciosa muñeca con la indumentaria del país visitado. Yo soñaba con viajar, con descubrir horizontes lejanos, con ver mundo. Aquella benefactora, un poco misteriosa, ya que nunca la conocí, era algo así como un ideal para mí.

En ese momento, la única posibilidad que podía considerar para poder viajar era trabajar como azafata. Así que lo convertí en mi objetivo.

Al final de mis estudios de secundaria,* se me aconsejó, al igual que a mis otros compañeros de clase, que me reuniese con un consejero de orientación.

Tan pronto como entré en su oficina, le dije:

–Gracias, pero no necesito su ayuda porque sé exactamente lo que quiero hacer.

–¿Ah, sí? –dijo, sorprendido–. ¿Y qué es lo que quieres hacer?

–Quiero ser azafata.

–¡Ah! –exclamó.

Entonces, tras pensar durante un instante, me lanzó un desafío:

–Y si tu solicitud no es seleccionada por una aerolínea, ¿has pensado en otra posibilidad?

No había considerado la posibilidad de ser rechazada, pero es justo decir que tenía miedo a no ser seleccionada por mi altura, que era inferior a la requerida.

Las preguntas de ese consejero quebrantaron mi seguridad. Acepté su sugerencia de considerar una segunda opción. Yo amaba la biología y, en particular, la investigación.

* En España correspondería al actual segundo de Bachillerato o al antiguo COU.

Así que envié mi currículum a Air Canada al mismo tiempo que mi solicitud para matricularme en Biología Médica. Air Canada me rechazó y fui aceptada en Biología Médica. Mi destino estaba decidido.

Sin embargo, mi sueño no era ser azafata, sino poder viajar, y lo he realizado cumplidamente.

Y tú, ¿quieres ser rico?

Un día le pregunté a un jardinero que vivía en una casita si le gustaría tener una gran mansión como esas de cuyos jardines se ocupaba.

Se apresuró a responderme:

–¡No, nunca querría tener una casa tan grande como esas!

–¿Ah, no? ¿Por qué? –le pregunté.

–Es demasiado grande, me sentiría perdido en una casa así...

Algún tiempo después, vino a visitarnos unos días un amigo. Estábamos en la piscina, él miró nuestra casa desde esa perspectiva y luego me dijo: «¿Sabes, Claudia?, tienes una bonita casa, pero yo nunca querría tener una casa así cuando tanta gente alrededor no tiene casi nada».

Su pensamiento me hizo sentir culpable. Esa culpabilidad de tener más que otros me arrastró a la abnegación y el autosabotaje durante años.

Y tú, ¿qué le añadirías a la frase: «No querría nunca...»?

No querría nunca... ....

No querría nunca... ....

No querría nunca... ....

Tan pronto como dices: «No querría nunca...», hay un miedo que se hace sentir, escondido detrás de este «no querría nunca...».

¿Cuál era el miedo del jardinero? ¿Pudiera ser que temiese sentirse rechazado por sus compañeros si tenía un nivel de vida más alto que ellos?

Esto nos puede ayudar a entender por qué muchas personas exitosas han cambiado de ambiente, y a veces incluso de país, para concederse el derecho de disfrutar de su éxito.

¿Cuál era el temor de aquel amigo que me dijo: «Nunca querría tener una casa así cuando tanta gente alrededor no tiene casi nada»? ¿Podría ser que temiese que la gente pensara que era indiferente al sufrimiento de los demás?

Y tú, ¿cierras la puerta a la abundancia?

¿ALGUNA VEZ HAS DICHO?:

«Estoy muy contento con lo que tengo».

«Prefiero tener solo un par de zapatos cómodos que muchos incómodos».

«Prefiero tener poco, pero no deber nada a los demás».

«Prefiero no tener demasiado éxito porque tendría demasiado miedo de ser arrogante».

«No me gustaría ganar mucho dinero en la lotería porque no quisiera que los demás se sintieran inferiores a mí».

«No me gustaría que me conocieran, porque tendría miedo de no pertenecerme más».

«No querría ser bella, porque tendría demasiado miedo de ser acosada por los hombres».

«Nunca querría tener una bella esposa, porque tendría demasiado miedo a perderla».

«Nunca querría ser rico, porque los ricos humillan a los pobres».

«Nunca querría ser poderoso, porque los poderosos aplastan a los débiles».
«Si ganara un millón de euros, no sabría qué hacer con ese dinero».
«No necesitamos mucho para ser felices».

Recuerda: cada uno obtiene lo que quiere.

Una parábola de Jesús a propósito de los jornaleros confirma esa gran verdad:

> El reino de los cielos se parece a un propietario que al amanecer salió a contratar jornaleros para su viña. Después de acordar con ellos un denario por jornada, los mandó a la viña. Salió otra vez a media mañana, vio a otros que estaban en la plaza sin trabajo y les dijo: «Id también vosotros a mi viña, y os pagaré lo debido». Ellos fueron. Salió de nuevo hacia mediodía y a media tarde e hizo lo mismo. Salió al caer la tarde y encontró a otros, parados, y les dijo: «¿Cómo es que estáis aquí el día entero sin trabajar?». Le respondieron: «Nadie nos ha contratado». Él les dijo: «Id también vosotros a mi viña». Cuando oscureció, el dueño de la viña le dijo al capataz: «Llama a los jornaleros y págales el jornal, empezando por los últimos y acabando por los primeros». Vinieron los del atardecer y recibieron un denario cada uno. Cuando llegaron los primeros, pensaban que recibirían más, pero ellos también recibieron un denario cada uno. Entonces se pusieron a protestar contra el amo: «Estos últimos han trabajado solo una hora, y los has tratado igual que a nosotros, que hemos aguantado el peso del día y el bochorno». Él replicó a uno de ellos: «Amigo, no te hago ninguna injusticia. ¿No nos ajustamos en un denario? Toma lo tuyo y vete. Quiero darle a este último igual que a ti. ¿Es que no tengo libertad para hacer lo que quiera en mis asuntos? ¿O vas a tener tú envidia porque yo soy bueno?». Así, los últimos serán los primeros y los primeros los últimos.
>
> Mateo, 20: 1-16

Cada uno había recibido lo que había acordado con el amo de la casa, lo que creían que valían y podían conseguir.

En esta parábola, el propietario de la viña no es más que la energía de la vida. Es por eso por lo que Jesús dijo:

Pedid y se os dará, buscad y encontraréis, llamad y se os abrirá.

Mateo, 7: 7

¿Qué pedirás si no sabes lo que quieres?
¿Qué solución buscarás si no conoces el problema?
¿A qué puerta llamarás si no sabes lo que necesitas?

¿Tienes un gran sueño que todavía no has realizado?

Busca en este sueño para ver cuál era tu verdadero deseo.

Cuando el príncipe Guillermo era niño, él y su hermano fueron invitados a visitar un parque de bomberos. Entusiasmado con esta experiencia, el príncipe Guillermo decretó: «Cuando sea mayor, seré bombero». Su hermano pequeño, Harry, muy pragmático para su edad, lo detuvo: «No, no puedes, ¡debes ser rey!» ¿Cuál era el deseo del príncipe Guillermo detrás de su deseo de ser bombero? Sin duda el deseo de salvar vidas, lo que podría indicar una naturaleza altruista. Antes de comenzar sus deberes reales, tuvo el gran placer de servir como primer oficial de un helicóptero de rescate.

Cuando mi hija era niña, dijo que sería cirujana cardiotorácica. Se estaba preparando para la facultad de medicina cuando una mononucleosis le hizo darse cuenta de hasta qué punto se forzaba para conseguir el nivel necesario para ser aceptada en la facultad. Después de entender la causa de la mononucleosis, admitió que si ese era su camino, sería aceptada sin que tuviera que poner en peligro su salud. De lo contrario, sería porque esa orientación no era a la que estaría destinada. Fue entonces cuando se dio cuenta de que le gustaría centrarse en el medioambiente.

¿Cuál fue su verdadero deseo, oculto tras el deseo de ser cirujana cardiotorácica? Era ser útil a los demás.

Después de una licenciatura en Estudios Ambientales, consideró que no era suficiente y quiso matricularse en Derecho. Los parientes paternos le dijeron algo así: «¿No irás a pasarte la vida en la universidad...? Tendrías que pensar en empezar a trabajar».Eso le causó mucha ansiedad, por la lucha entre lo que sentía y la presión que otros ejercían en ella cuando se enfrentaba a una elección tan importante.

Conocí a muchos jóvenes como mi hija, que se sentían presionados para tomar una decisión cuando realmente no sabían lo que querían hacer.

En momentos como estos, los aliento diciéndoles lo que le dije a mi hija:

> La gente que tiene grandes misiones que cumplir no sabe siempre con claridad dónde está su camino. A veces tienen dudas sobre una elección, o cambian de opinión durante sus estudios o en sus carreras profesionales. A veces también tienden a sentirse perdidos y dudar de sí mismos, pero todos los caminos que emprenden inevitablemente los conducen a su misión. Así que no tengas miedo de equivocarte, tu destino sabe adónde debes llegar.

Todos los grandes logros de este mundo comenzaron con un sueño. El roble duerme en la bellota, el pájaro espera en su huevo y los sueños son las semillas que producen la fruta más dulce.

Og Mandino

> ***Cada gran sueño está en consonancia con lo que nuestra alma vino a experimentar en esta encarnación.***

Un gran sueño es algo de lo que nada puede disuadirnos, incluso si esto significa superar muchos obstáculos, rendirse a muchas cosas, para encontrar el fracaso... y luego empezar de nuevo y continuar. Esto es lo que los religiosos denominan la «llamada» o «vocación». Todos los grandes hombres, todas las grandes mujeres de este mundo han seguido un gran sueño. Un gran sueño es un ideal, una cumbre que hay que alcanzar.

¿Todavía tienes ese sueño? ¿Lo has dejado? ¿Qué te desvió de él?

Un hijo le dijo a su padre que quería ser músico. Su padre le advirtió:

–¡Te morirás de hambre!

–¡Al menos no moriré de aburrimiento! –le contestó el hijo.

Cuando somos niños, a veces le revelamos un gran sueño a uno de nuestros seres queridos que, sorprendido por la grandeza de este sueño, nos hace dudar de su realización.

Tenía yo once años, era un sábado por la noche como tantos otros cuando vi una película en la televisión. El título de esta película era *Return to Peyton Place* [Regreso a Peyton Place]. Era la historia de una joven escritora que había escrito una novela basada en las historias secretas de la gente de su pueblo. Su libro causó un escándalo. Lo pusieron en la lista negra e incluso la llevaron a juicio. Su intención había sido ayudar a los lectores a salir del secreto que los mantenía en un mundo de prejuicios y vergüenza.

Después de esta película, sin poder explicarme cómo o por qué, supe que algún día sería escritora.

Nuestra alma sabe lo que va a experimentar, por eso nos puede conmover una persona la primera vez que nos encontramos con ella, una frase que leemos en un libro o lo que alguien puede escribirnos o decirnos.

Podemos sentirnos conmovidos por una imagen, un lugar que nos provoca una inquietante sensación de *dèjá vu*. Conmovidos por unas palabras que nos erizan la piel.

Conmovidos por una película que nos produce una extraña sensación como de algo «ya vivido» y que puede despertar en nosotros un gran miedo o una intensa motivación.

Muchos afirman que supieron desde la primera mirada que se casarían con la persona que acababan de conocer.

Sin duda, mi alma había reconocido lo que había venido a experimentar en esta encarnación.

Ese deseo de ser escritora, que mi alma había reconocido, fue rápidamente aniquilado por los juicios del profesor con el que había hablado: «¿Tú, escritora? ¡Nunca! ¡Nunca! Pero si no puedes escribir dos líneas sin cometer varios errores de ortografía...».

Estaba molesta, me sentía avergonzada, ¿cómo me había atrevido a reivindicar tal aspiración? Nunca se lo dije a nadie más, pensando que era imposible.

Cuando comencé mi viaje de crecimiento personal y conocí al filósofo Herbert Beierle, quise creer de nuevo. Fue entonces cuando resucité este sueño que todavía estaba en mí, pero que creía que era imposible.

Richard Bach dijo: «Nunca se te ha dado un deseo sin que se te haya concedido el poder de hacerlo realidad».

Mientras creía que era imposible, no invertí ninguna energía en hacerlo posible y no pude descubrir el potencial de escritora que dormitaba en mí. Me había dejado detener por el juicio de un profesor sobre mis dificultades con la gramática francesa.

¿Y a ti qué te detuvo?
¿Qué te parecería retomar ese sueño?

«¡No sueñes con eso!»

Cuántas veces he oído a mi madre decir cosas como: «Cuando naces pobre...», «Cuando eres paje, no eres rey» o «Mi pobre hija, sueñas en colores...». Lo que significaba: «Vives en la ignorancia». Estas frases eran las que ella misma había oído y que la habían llevado a conformarse con poco.

Tales frases pueden alejarnos de nuestras aspiraciones y hacernos dudar de que podamos conseguir grandes cosas porque no hemos tenido una larga formación universitaria o porque procedemos de un entorno modesto.

Sin embargo, muchas personas que han obtenido grandes logros son de un origen muy humilde y no han asistido a la universidad.

Ray Kroc, el fundador de McDonald's, tenía cincuenta y siete años y solo era representante de vasos de cartón, pero se convirtió en uno de los hombres más ricos del mundo. El multimillonario y filántropo Andrew Carnegie fue en sus inicios un obrero que trabajaba en una fábrica de acero. Charles Dickens, considerado el más grande novelista de la era victoriana, comenzó su vida pegando etiquetas en los frascos de betún. El gran poeta escocés Robert Burns, ahora hijo predilecto de Escocia, fue originalmente un campesino analfabeto.

No hace falta ser rico para alimentar grandes ambiciones. Son precisamente nuestras grandes ambiciones las que pueden hacernos ricos.

Conocí a un excelente pintor, que era techador. Tenía mucho talento, pero no lo sabía. Así que pedía muy poco por el trabajo que ofrecía. Y todos le dieron lo que él pidió. Yo fui una de las pocas personas que le dieron más que las demás. Con el paso de los años, el dinero que había ganado solo le había permitido vivir con lo básico. Ahora, ya no tenía la misma energía, y comenzó a sufrir de osteoartritis, lo que dificultó su trabajo y, por lo tanto, lo hizo de menor calidad. Así que la gente lo abandonó y recurrió a profesionales más jóvenes. Terminó sus días en una gran pobreza cuando podría haber sido rico. Para ser rico, tendría que haber reconocido su valor. Tenía una opción, pero no lo sabía.

Y tú, ¿sabes que puedes elegir?

Tienes la opción de culpar a otros de tus dificultades o tus fracasos.
Tienes la opción de decir que tuviste mala suerte.
Tienes la opción de decir que nunca te animaron.
Tienes la opción de pensar que te han abandonado.
Tienes la opción de pensar que nunca lo lograrás.
Tienes la opción de detenerte y pensar: «¿Qué sentido tiene...?».
Tienes la opción de limitarte a sobrevivir.
Tienes la opción de estar satisfecho con poco.
Pero también tienes la opción de ir más allá de tus límites.
Tienes la opción de querer vivir una vida emocionante.
Tienes la opción de vivir en la abundancia.
Tienes la opción de querer lograr grandes cosas.
Tienes la opción de hacer que tu vida sea un éxito.
¿Cuál es o será tu elección?

Nuestro crecimiento está en línea con nuestros objetivos. Sin un propósito que nos apasione, nuestras almas se atrofian como músculos inactivos.

Frank Laubach

Tener sueños y hacerlos realidad es experimentar la divinidad en nosotros.

Soñar es ir en una dirección específica. Cuando no tienes más sueños es cuando envejeces, cuando la vida pierde su interés, cuando avanzas para no llegar a ninguna parte. En realidad no vivimos, solo sobrevivimos.

Las personas que persiguen un sueño haciendo de él su prioridad en la vida rara vez fracasan. Pueden fracasar momentáneamente, pero se recuperan con más fuerza. Son estas personas las que inspiran a otros.

¿Quieres ser una de ellas?

Si es así, ¿qué sueño quieres realizar?

Puede que tengas muchos sueños, pero al igual que un barco solo puede llegar a un puerto a la vez, lo mismo sucede con nuestros objetivos. Perseguir varios objetivos al mismo tiempo es como correr tras varias liebres a la vez, puede que no consigas ninguno de ellos. Para lograr tu objetivo, sea cual sea, tendrás que elegir tu prioridad para poder dedicarle el máximo de tu energía. Puedes realizar muchos de tus sueños siempre y cuando dediques tu energía al que sea prioritario, y una vez alcanzado, puedes empezar con el siguiente.

¿Has oído alguna vez estas frases?: «Afortunado en los negocios, desgraciado en el amor» o, por el contrario: «Afortunado en el amor, desgraciado en los negocios».

Estos dichos podrían hacernos creer que no podemos tener ambas cosas a la vez. Esta creencia ha llevado a muchas personas a sabotear sus éxitos para no renunciar a su relación de pareja o a una hermosa relación familiar.

Pero podemos tener ambas cosas, siempre y cuando no queramos tener éxito en las dos al mismo tiempo.

Durante años le he dado prioridad a la metamedicina, lo que me ha permitido promoverla más allá de las fronteras de Canadá. Sin embargo, en mis relaciones emocionales, tuve una sensación de fracaso. Después de una dolorosa separación, traté de comprender lo que me había llevado a perder al hombre que amaba. Fui consciente entonces de que había puesto todo mi empeño en la metamedicina, creyendo que tenía que abandonar mi vida personal para dedicarme mejor a lo que para mí es la misión de mi vida. Recé por el regreso de mi compañero, mientras lo dejaba libre para vivir lo que necesitaba experimentar en su evolución. Volvió dos años después de que nos separáramos.

A partir de entonces le di prioridad a nuestra relación. No escribí ningún libro, limité mi trabajo y pasé más buenos momentos con mi pareja. Antes de nuestra separación, trabajábamos continuamente, nunca nos tomábamos unas vacaciones. Tenía la sensación de que ya no disfrutábamos estando juntos.

El placer es el cemento de una pareja.

Cuando solo existen las limitaciones de la vida cotidiana, las relaciones sexuales pierden su interés y dan paso a la frustración, las disputas y, a veces, la infidelidad.

Cuando nuestra relación volvió a ser sólida, pude dedicar de nuevo gran parte de mi tiempo a la metamedicina. Ahora, cuando tengo que hacer giras por Europa, que requieren mucho tiempo, nos tomamos unas vacaciones antes, durante y después de estas giras.

Puedes alcanzar todas tus metas si las emprendes una tras otra y les dedicas tu energía al máximo. Es uno de los secretos del éxito.

RECUERDA LAS PRIMERAS LLAVES PARA ABRIR LA PUERTA A LA ABUNDANCIA

Ten claro qué es lo que quieres.

Deja de ver obstáculos a tus deseos.

Sueña con la vida que quieres.

Toma decisiones.

Dale prioridad a una de estas opciones.

Dedícale tanta energía como sea posible.

Persevera a pesar de las dificultades.

Capítulo 2

Cada uno obtiene lo que cree que puede obtener

¡El hombre que tarde o temprano obtiene la victoria es el que piensa que es capaz de hacerlo!

Napoleon Hill

Tuve varios programas de televisión en canales comunitarios de Quebec. Tenía un nuevo proyecto y me iba a reunir con el posible director para discutir el precio de sus servicios. Antes de conocernos, había planeado darle quinientos euros por emisión. Al principio de nuestra entrevista, me informó que habría costes adicionales para los decorados. Para compensar, cambié de opinión sobre la propuesta que le iba a hacer y le dije:

–Patrick, he pensado en ofrecerte cuatrocientos euros por emisión.

Vi su cara iluminada.

–Pero si resulta que puedes leerme el pensamiento... –me dijo. Sonreí, feliz de que le pareciese bien.

Le di lo que esperaba, aunque al principio mi intención era darle más. Como en la parábola de los jornaleros de Jesús, el propietario de la viña había dado a cada uno lo que le había pedido: un denario al que había trabajado todo el día y un denario al que solo había trabajado una hora.

¿Cuánto crees que vales?

Cuando abrí mi centro de desarrollo personal en Montreal, una de las participantes era una brillante mujer de negocios que estaba dispuesta a ayudarme, pero yo no deseaba recibir su ayuda, porque por nada en el mundo hubiera querido que mi trabajo se convirtiera en un negocio. Tenía muchas dificultades para conciliar el amor y la vida empresarial; prefería darle prioridad al amor.

Un día, esta participante me sorprendió diciéndome: «Tú, Claudia Rainville, vales al menos sesenta mil euros al año». Me defendí, convencida de que estaba exagerando. Bueno, el Maestro (la ley de la atracción) me dio lo que creía que valía: un salario escaso que me obligó a declararme en bancarrota.

Quien crea que se merece un salario escaso no tendrá uno grande; quien crea que solo puede optar por una casa pequeña no tendrá una grande.

De esa época, recuerdo particularmente a Kelly, y vuelvo a recordar su sonrisa. Todavía puedo oír sus palabras. Fue ella quien, en un momento de gran desánimo, me dio fuerzas al decirme:

> Claudia, antes de conocernos, vivía en un sótano con ratas, porque pensaba que no me merecía algo mejor. Con tus enseñanzas he aprendido a amarme a mí misma y a reconocer mi valor, y quiero agradecértelo de todo corazón y decirte que ahora me mudaré a un hermoso y luminoso apartamento.

Kelly lo entendió. No nacimos para ser pobres y miserables. Nacimos para ser felices, pero aún necesitamos quererlo y creerlo.

Y tú:

> ¿Crees que naciste para trabajar por un salario miserable?
> ¿Crees que naciste para sufrir hasta tu muerte?
> ¿Crees que los demás tuvieron más suerte que tú?

Si lo crees, vas a atraer todas las circunstancias necesarias para hacer que tu creencia sea cierta. Esta creencia en el sufrimiento tiene para muchos de nosotros sus raíces en nuestra educación religiosa.

El pecado original

La expresión *pecado original* no se encuentra en ninguna parte de la Biblia, pero la doctrina del pecado original se basa en varios pasajes de las Sagradas Escrituras: Génesis, epístolas de San Pablo (Romanos, 5: 12-2; Corintios I, 15: 22).

En el Génesis, encontramos este pasaje:

> Y plantó el Señor Dios un huerto hacia el oriente, en Edén; y puso allí al hombre que había formado. Y el Señor Dios hizo brotar de la tierra todo árbol agradable a la vista y bueno para comer; asimismo, en medio del huerto, el árbol de la vida y el árbol del conocimiento del bien y del mal. Y del Edén salía un río para regar el huerto, y de allí se dividía y

> se convertía en otros cuatro ríos. El nombre del primero es Pisón; este es el que rodea toda la tierra de Havila, donde hay oro. El oro de aquella tierra es bueno; allí hay bedelio y ónice. Y el nombre del segundo río es Gihón; este es el que rodea la tierra de Cus. Y el nombre del tercer río es Tigris; este es el que corre al oriente de Asiria. Y el cuarto río es el Éufrates. Entonces el Señor Dios tomó al hombre y lo puso en el huerto del Edén, para que lo cultivara y lo cuidara, y le dio este mandato: «Puedes comer de todos los árboles del jardín, pero del árbol del conocimiento del bien y del mal no deberás comer. El día que de él comas, ciertamente morirás».
>
> Génesis, 2: 8-17

El Señor Dios puso a Adán* en el huerto del Edén. ¿Dónde está el jardín? Este jardín es nuestro hermoso planeta Tierra. ¿Alguna vez te has sorprendido al visitar un jardín botánico con todas estas variedades de flores, cada una más hermosa que la otra? ¿Alguna vez te has sentido transportado por la armonía de un lugar? ¿Alguna vez has dado un paseo por el campo y te han conmovido esos lienzos de campos de trigo, colza y amapolas que la naturaleza ha pintado para ti?

¿Cómo no entendiste que la energía de la vida es abundancia y que esta abundancia es nuestro derecho más fundamental?

Nuestro bello planeta nos proporciona abundante comida. Podría alimentar a dos y hasta tres veces más personas de las que contiene, así que ¿por qué hay tanta gente hambrienta?

La primera razón es la mala gestión de la abundancia, combinada con la corrupción. Una minoría en el poder crea escasez para hacer subir los precios, crea conflictos para vender armas que generan destrucción. Solo tenemos que pensar en Siria antes de la guerra. Siria era un país hermoso, lleno de flores, donde, a pesar

* La palabra hebrea *Adán* hace referencia por un lado a un individuo de sexo masculino y por otro a la humanidad en el sentido abstracto, la especie humana.

de sufrir cierta dictadura, la gente vivía bien. Hoy, este país está en ruinas.

La segunda razón es que muchas personas creen que deben sufrir en la Tierra para ir al cielo y no se dan cuenta de que el cielo está aquí.

Un amigo belga me contó una experiencia que había tenido. Se había unido a un grupo cuyo proyecto era ayudar a gente en la India que, durante la temporada de los monzones, vivía con barro hasta las rodillas. Había recaudado fondos y reclutado voluntarios para participar en este proyecto humanitario, que consistía en construir una nueva aldea río arriba para que estas personas ya no estuvieran en el barro durante la temporada de los monzones. El grupo había construido casas agradables que tenían en cuenta el estilo de vida indio. Cuando el proyecto se completó, fue una sorpresa descubrir que aquella gente no quería ir a vivir a esas casas, donde tenían servicios de los que no disponían antes. Hizo falta que interviniese la Policía y los obligase a instalarse en las nuevas viviendas. No llegaron a quedarse allí ni seis meses. Lo destruyeron todo y volvieron a vivir en el barro.

Mi amigo me dijo:

> Tuve muchos problemas para entenderlo. Durante mucho tiempo, nos preguntamos en qué nos habíamos equivocado. Finalmente acepté que, aunque queramos dar lo mejor a los demás, si no se permiten tener más, recrearán las condiciones que más se les parezcan.

Quién sabe, tal vez esas personas, como tantas otras, creían en la necesidad de sufrir para merecer el nirvana. No solo entre los cristianos se ha enseñado la noción de sacrificio como una apuesta para la felicidad eterna.

Volvamos al pecado original. El Señor Dios había puesto al hombre y la mujer en un paraíso y luego, a raíz de su desobediencia, los echó, a ellos y a todos sus descendientes. Y le dijo a Adán:

> Por cuanto obedeciste a la voz de tu mujer y comiste del árbol del conocimiento del bien y del mal. Maldita será la tierra por tu causa; con dolor comerás de ella todos los días de tu vida, espinos y cardos te producirá y comerás plantas del campo. Con el sudor de tu frente comerás el pan, hasta que vuelvas a la tierra, porque de ella fuiste tomado; pues polvo eres y al polvo regresarás.
>
> Génesis, 3: 17-19

¿Qué significa que puso el árbol de la vida y el árbol del conocimiento del bien y del mal en el jardín?

El árbol de la vida está en medio de los demás; representa la armonía que nos procuran la sabiduría y el amor.

El árbol del conocimiento del bien y del mal representa la conciencia que, a través del sufrimiento, nos permitirá distinguir cómo cada uno de nuestros pensamientos, palabras y acciones tiene repercusiones agradables o desagradables en nuestras vidas.

El Señor Dios podría haber dicho:

> Ya que te has desviado del camino de la armonía (el árbol de la vida), experimentarás el sufrimiento hasta que puedas regresar a través de la sabiduría.

Lo que no se comprende a través de la sabiduría se encarga de enseñárnoslo el sufrimiento, pero no necesitamos el sufrimiento para aprender lo que entendimos por la sabiduría.

En el catecismo, nos enseñaron:

> Adán y Eva, al comer la fruta prohibida, cometieron un gran pecado; las consecuencias han sido deplorables y de lo más funestas: fueron

infelices ellos, así como todos sus descendientes. En cuanto nuestra alma, salida pura de las manos de Dios, se ha unido con nuestro cuerpo para animarlo, ha quedado mancillada y degradada por el pecado que nuestros primeros padres nos transmitieron; este pecado, por consiguiente, ya estaba dentro de nosotros, desde el principio, como hijos de Adán, y por eso se le llama «pecado original». Solo la Santísima Virgen, por la Gracia Divina, ha sido preservada de este pecado; por eso se llama María la Inmaculada Concepción.
Únicamente el bautismo puede eliminar esta mancha.

Nos enseñaron que el bautismo borró nuestra mancha original, pero no nos dijeron que nos evitaba el sufrimiento causado por el pecado de nuestros primeros padres.

Estas enseñanzas religiosas podrían llevarnos a creer que tendríamos que sufrir en la Tierra hasta que mereciéramos el paraíso.

Jesús nunca habló del pecado original ni de ninguna maldición. Al contrario, en Juan 10: 10, encontramos estas líneas:

El ladrón solo viene a hurtar, degollar y destruir; yo he venido para **que tengáis vida, y para que la tengáis en abundancia**.

¿A quién debemos esta historia del pecado original? San Agustín fue el primero en formular esta doctrina. Fue en su libro *De diversis quaestionibus ad Simplicianum*, del año 396, donde comenzó a desarrollar sus ideas sobre el pecado original, dogma que fue reafirmado el 17 de junio de 1546, durante la quinta sesión del Concilio de Trento, en oposición a la reforma protestante.

San Agustín describió este pecado como «original» haciendo una conexión con el acto de la procreación, que comparó «con el pecado de la carne». Para él, mientras el hombre y la mujer permanezcan castos, conservan su pureza original. Pero como la mayoría de nosotros fuimos concebidos por un acto sexual,* un «pecado

* Aquí se excluye la fecundación *in vitro*.

de la carne», llevamos, según san Agustín, una mancha hereditaria desde el nacimiento. Era una forma de desacreditar la sexualidad.

Esta interpretación, retomada por la Iglesia católica, está en contradicción con el texto del Génesis que habla de «fruto prohibido» como el «árbol del conocimiento del bien y del mal» (una expresión que solo puede significar la consciencia por la cual el hombre es diferente del reino animal) y es rechazada por el judaísmo, que ve en esta doctrina una desviación* de la mitología hebrea por parte de los pontífices cristianos.

Esta asimilación del «pecado original» a cualquier «pecado de la carne» también será combatida por muchos teólogos como un «error popular», de la misma manera que la asimilación del fruto prohibido a una manzana.

No obstante, estas enseñanzas, transmitidas por sacerdotes y maestros de catecismo, han llevado a muchas personas, durante generaciones, ¡a creer que tenían que sufrir en la Tierra para merecer el cielo!

¿No es hora de cuestionarlas para aceptar que hemos nacido para ser felices y no para sufrir, y así abrir la puerta a la abundancia?

Otra vez os digo que es más fácil que un camello pase por el ojo de una aguja que el que un rico entre en el reino de Dios.

Mateo, 19: 24

Esta es una afirmación que Jesús hace al final de su diálogo con un joven rico que viene a preguntar qué debe hacer para alcanzar la vida eterna. Esta famosa frase, adoptada por la Iglesia, llevó a la mayoría de nosotros a creer que en caso de ser ricos no podríamos entrar en el reino de los cielos.

---

* Uso indebido de su verdadero significado.

Desde entonces, ha habido muchos intentos de tratar de entender las palabras de Jesús. Algunas personas piensan que debemos tomar la imagen en el sentido literal: Jesús quiere dejar claro que es imposible para una persona rica entrar en el reino de Dios. No obstante, en arameo, la lengua de Jesús, *gamla* puede significar tanto 'camello' como 'cuerda' (hecha de pelo de camello). La imagen no sugeriría imposibilidad sino dificultad. La explicación más común sugiere que había una pequeña puerta en Jerusalén, llamada «Ojo de la Aguja». Tras la puesta del sol, esta puerta estaba abierta más tiempo que las puertas grandes, que eran más difíciles de defender. Los camellos no podían pasar más que deshaciéndose de toda su carga. No hemos encontrado vestigios arqueológicos que justifiquen la expresión *ojo de la aguja* que puedan confirmar esta explicación. Sin embargo, sabemos que Jesús se expresaba utilizando metáforas.

Volvamos a la historia:

> En aquel tiempo se acercó uno a Jesús y le preguntó: «Maestro, ¿qué tengo que hacer de bueno para obtener la vida eterna?». Jesús le contestó: «¿Por qué me preguntas acerca de lo que es bueno? Solo Uno es bueno. Pero si quieres entrar en la vida eterna, observa los mandamientos». El joven le preguntó: «¿Cuáles?». Jesús le contestó: «No matarás, no cometerás adulterio, no robarás, no darás falso testimonio, honrarás a tu padre y a tu madre y amarás a tu prójimo como a ti mismo». El muchacho le dijo: «Todo eso lo he cumplido. ¿Qué me falta?». Jesús le contestó: «Si quieres llegar hasta el final, vende lo que tienes, da el dinero a los pobres, así tendrás un tesoro en el cielo, y luego vente conmigo». Al oír esto, el joven se fue triste, porque tenía muchas posesiones. Entonces Jesús dijo a sus discípulos: «En verdad os digo que un rico difícilmente entrará en el reino de los cielos. Otra vez os digo que es más fácil que un camello por el ojo de una aguja que el que un rico entre en el reino de Dios».
>
> Mateo, 19: 16-24

Cuando Jesús le dice al joven rico «vende lo que tienes, da el dinero a los pobres», puede ser que se dirija específicamente a él, porque tal vez la riqueza de ese joven le hizo sentirse superior a los demás, le hizo esclavo de sus posesiones materiales, ¿o tal vez tuvo que liberarse del miedo de querer arriesgarse a darlo todo, para darse cuenta de que es dando cuando uno recibe?

Jesús no le pidió eso a todo el mundo. Pedro tenía un negocio de pesca con barcos y empleados, y jamás le pidió que lo vendiera todo. Jesús mismo no era pobre. Se puede leer en el Evangelio que llevaba una túnica sin costuras (que se refería a una túnica cara: los pobres llevaban túnicas confeccionadas con un conjunto de retales) que los soldados romanos habían echado a suertes. Además, Jesús y sus discípulos tenían una reserva de dinero para ellos mismos y para ayudar a los pobres. Recibían dinero de los ricos, como los predicadores de hoy. Algunos de ellos son de hecho ricos, lo que no les impide hacer mucho bien a aquellos a los que inspiran y ayudan.

Es importante distinguir entre ser rico y estar apegado. Es el apego lo que causa sufrimiento. Si el dinero es nuestro amo, nosotros somos sus esclavos. Pero si es nuestro servidor, nos permitirá vivir bien, sanar nuestro cuerpo, mantenerlo en forma para que podamos elevarnos espiritualmente y ayudar a todos aquellos que nos necesiten.

Cuando lo material es solo un sirviente, no es difícil deshacerse de las posesiones, y eso nos hace libres.

Es de esta libertad de la que Jesús habla cuando dice:

> Y cualquiera que haya dejado casas, o hermanos, o hermanas, o padre, o madre, o mujer, o hijos, o tierras, por mi nombre, recibirá cien veces más, y heredará la vida eterna.
>
> Mateo, 19: 29

El *midrash* del *Cantar de los cantares* ofrece una hermosa imagen:

> El santo dijo: «Ábreme una puerta grande como el ojo de una aguja, y te abriré una puerta por la que podrás entrar con tiendas y camellos».

¿Cuáles son las creencias que te impiden acceder a la abundancia?

ES DIFÍCIL PARA NOSOTROS, ¡PERO NO PARA LOS DEMÁS!

Ludmilla siempre tiene dificultades económicas. Unos amigos le prestaron el dinero para que pudiera asistir a mi seminario.

Ludmilla tenía siete años cuando la casa de la familia se inundó. Como eso no les ocurrió a sus amigos, concluye: «Es difícil para nosotros, pero no para los demás».

Su madre murió poco antes de Navidad, cuando ella tenía once años. Para empeorar las cosas, a su padre le robaron el dinero que necesitaba para alimentar a su familia.

> Fueron las vacaciones más tristes que he conocido, no solo habíamos perdido a nuestra madre, sino que casi no teníamos nada para comer... Después de las vacaciones de Navidad, cuando volví a la escuela, mis amigas hablaron de todos los hermosos regalos que habían recibido en Navidad. Una vez más, pensé: «Es difícil para nosotros, pero no para los demás».

Cuando la conocí, vivía en el temor constante de quedarse sin dinero. Sus amigos podían permitirse muchas cosas, pero ella no. Esta creencia, «es difícil para nosotros, pero no para los demás», la mantuvo en una actitud negativa y pesimista que la condujo a las situaciones que le confirmaban lo que creía. La ayudé a encontrar a aquella niña de siete años, y luego a la de once, para que pudiera explicarles que todas las personas, sin excepción, se enfrentan a dificultades. La única diferencia es que nadie las vive de la misma manera y que cada prueba contiene una lección que tenemos necesidad de integrar en nuestra evolución.

–¿Podría ser que tus padres tuvieron que aprender a tener valor, a no rendirse ante las dificultades?

–Sí, y eso es lo que yo también tuve que aprender.

–¿Sabes que cada prueba contiene un don que descubrimos una vez que la hemos superado?

–¿Y cuál sería en este caso?

–¡Tal vez creer en la vida!

¡Cuántas personas he conocido con historias similares a la de Ludmilla!

¡NO ES PARA MÍ!

Sarah vivía sola con su madre en un apartamento muy pequeño. Un día, mientras la acompañaba en las compras navideñas, vio una hermosa muñeca en el escaparate de una tienda, con un largo cabello rizado y unos grandes y hermosos ojos azules. Sarah pensó que era hermosa y se detuvo un momento para mirarla. Su madre ejerció una presión en su brazo. Sarah entendió el mensaje: «No me pidas que te compre esta muñeca, sabes que no puedo permitírmelo». Sarah bajó la cabeza, renunció, y pensó: «No es para mí».

En su vida, nada era para ella. Las cosas bonitas, el dinero, el éxito, eran para otros, no para ella.

Para ayudarla a liberarse de la conclusión a la que había llegado, le sugerí que se volviese a encontrar con la niña frente al escaparate. En un estado de relajación, invité a Sarah, la adulta, a entrar en esta imagen. La guié para que pudiera acercarse a Sarah, la niña, y decirle: «Sé que te encantaría tener esta muñeca para Navidad, y a tu madre le encantaría poder regalártela, pero en este momento no tiene suficiente dinero. Pero no será siempre así. Verás cómo un día tendrás las muñecas más hermosas y muchas cosas bonitas».

Eso hizo que los ojos de la niña se iluminasen. Sonrió y, feliz, dijo: «Sí, algún día tendré esta muñeca y toda clase de cosas bonitas...».

Tras el trabajo terapéutico, le sugerí que comprara la muñeca más hermosa para su niña interior. Así lo hizo. Poco después, recibió una oferta para vender la gran casa que había heredado tras la muerte de su marido. Esa casa necesitaba urgentemente reparaciones caras que no podía permitirse. Con el dinero de la venta, pudo ofrecerse la casita de sus sueños. Ahora sabía que ese día había llegado. También era para ella.

SÉ RAZONABLE

Marie-France tenía un hermano que sabía que, para conseguir lo que deseaba, tenía que insistir. Cuando quería algo, acosaba a su madre hasta que lo conseguía o tenía un berrinche si ella se negaba. Su madre, exasperada, finalmente se rendía y decía: «Este... ¡va a matarme! Termino cediendo para tener cierta paz». Marie-France se compadecía de su madre, quien estaba sola para criar a sus hijos. Cuando Marie-France quería expresar un deseo, su madre podía simplemente decirle: «Marie-France, sé razonable». Así que no insistía y renunciaba rápidamente a su petición. «Toda mi vida, he sido razonable... –me confió–. Siempre he estado satisfecha con lo que tenía. Nunca les he dicho a mis hijos: "Sed razonables"».

Durante una sesión terapéutica, uno de los participantes se vio a sí mismo de niño cuando le decía a su padre: «Mira, papá, qué bueno soy, nunca te pido nada». Ese niño entendió: para ser amable, no debes pedir nada. Como adulto, en su relación, sufrió el hecho de que su esposa nunca tuvo en cuenta sus necesidades. Cuando se arriesgó a pedir algo y su cónyuge hizo una contrapropuesta, rápidamente renunció a lo que había pedido, sin darse cuenta de que al actuar de esa manera ella llegó a la conclusión de que no debía de ser importante para él.

Y tú, ¿renuncias fácilmente a lo que quieres?

¿Te consuelas a ti mismo diciendo: «No se necesita mucho para ser feliz?».

PEDIR ES REBAJARSE

Como mucha gente, Antoine tenía dificultades para pedir. Para él, pedir era como no poder hacerlo solo. Sin embargo, no ser capaz de hacer algo por su cuenta significaba para él no ser competente, no tener ningún valor.

Para no sentirse incompetente o inferior, prefería organizarse y optar por un trabajo autónomo.

En su relación de pareja, casi nunca pedía nada, y cuando lo hacía, si su mujer no respondía, lo vivía como si él no fuera importante para ella, lo que lo llevó a encerrarse en sí mismo. Eso llevó a su mujer a creer que no le gustaba, lo que no era cierto, lo que a su vez la llevó a refugiarse en sus actividades.

Antoine dudó entre pedir el divorcio o buscar ayuda. Finalmente, optó por la ayuda.

En el trabajo terapéutico que hicimos, revivió un suceso relacionado con ese sentimiento de no sentirse importante. Les había dicho a sus padres que quería aprender a tocar el violín. Como sus padres no volvieron a hablarle de ello, se resignó a jugar al fútbol con sus hermanos. El hecho de que sus padres no accedieran a su petición equivalía a que él no tenía ningún valor en absoluto a sus ojos. Eso es lo que seguía sintiendo cuando le expresaba un deseo a su mujer y ella no le contestaba.

¿Qué es lo que Antoine tuvo que aprender de esa situación? Cuando les hizo esa petición a sus padres, él tampoco volvió a plantear la cuestión, así que sus padres podrían haber pensado que era solo una de entre muchas ideas. Esto es también lo que estaba viviendo con su pareja. Si le pedía algo, no volvía a insistir si no obtenía respuesta.

Que no accedan a nuestras peticiones no significa que no tengamos ningún valor.

En 1981, Madonna y su mánager recibieron una carta de Millenium Record. La compañía se negaba a distribuir su disco. Un año después, la cantante estaba en todas las listas con su disco *Everybody*.

Cuando buscaba dinero para dirigir *True Romance* [Romance verdadero*], Quentin Tarantino había mostrado sus primeros cortometrajes de 16 mm a productores que le respondieron: «No debiste enseñarnos estas películas porque ¡son muy malas!». Podría haberse olvidado de cualquier deseo de producir películas; sin embargo, fue el mismo Tarantino quien logró millones con la película *Pulp Fiction*.

La autora más rica de Inglaterra, J. K. Rowling, sufrió doce negativas antes de que una editorial se dignase a prestar atención a su famosa novela *Harry Potter*.

Una historia budista cuenta que cuando un postulante se presenta en la puerta de un monasterio, casi siempre es rechazado. La mayoría se va y nunca regresa. Uno de ellos esperó en la parte del zaguán detrás de la puerta. Al caer la noche, durmió en el felpudo, durante días. Al final del quinto día, se le abrió la puerta y fue admitido. A pesar de la negativa, su persistencia demostró su intenso deseo de entrar en el monasterio.

¿Estarías listo para dormir en el felpudo para conseguir lo que necesitas si es muy importante para ti?

Si no insistes en tu solicitud, ¿cómo sabrá tu interlocutor que es importante para ti?

PEDIR NO ESTÁ BIEN

En un seminario conté la historia de Sarah, la niña que miraba una muñeca preciosa en el escaparate de una tienda y que pensó: «No es para mí». Una de las participantes levantó la mano para expresar algo:

* Titulada *Amor a quemarropa* en España, *Escape salvaje* en Argentina y *La fuga* en México.

> Experimenté una situación similar a la de Sarah, con la diferencia de que mi madre podía permitírselo. Igual que Sarah, vi una bonita muñeca en un escaparate y se lo dije a mamá: «Esta muñeca es preciosa, creo que habría muchas niñas a las que les encantaría recibirla en Navidad». Mi madre no me la compró, y yo concluí que no estaba bien pedir. Después de eso no pedí nada más.

Cuando se utiliza un mensaje doble para hacer una solicitud, puede no quedar claro para la persona que la recibe. Esta participante no le había dicho a su madre: «Mamá, creo que esta muñeca es preciosa, ¡me encantaría que me la regalases!». Así el mensaje habría estado claro para su madre, pero al decir que opinaba que muchas niñas estarían felices de tenerla para Navidad, su madre podría creer que su hija estaba pensando en otros niños.

Los mensajes dobles suelen provenir del miedo a pedir y pueden ser percibidos como una manipulación.

Marilyne me contó una situación de mensajes dobles que había experimentado con su hermana:

> Estábamos muy unidas. Después de nuestros estudios, cada una tomó su propio camino. Las dos nos casamos y luego nos separamos. Luego nos volvimos a encontrar. Ella estaba desempleada y recibía asistencia social, mientras que yo ganaba un buen sueldo. Cuando iba a verla, muy a menudo, me decía: «Oh, es tan bonito lo que llevas puesto...». Terminaba dándoselo. A veces me decía: «Cuando te canses de ese abrigo, piensa en mí». En ocasiones tenía que contenerme para no dárselo. Al principio, pensé que la hacía feliz, pero con el tiempo me di cuenta de que esas demandas implícitas no me hacían sentir bien. Tuve la clara impresión de que, para ella, era normal que le diera mis mejores prendas y que pagase las facturas del restaurante y las entradas para los espectáculos. Me sentía obligada, y me arrebató el placer que podría haber tenido al dárselo por voluntad propia. Terminé alejándome de ella. Creo que es una pena porque es mi hermana.

Mucha gente que tiene poco actúa como la hermana de Marilyne. Les echas una mano, pero siempre quieren más, lo que hace que nos alejemos de ellas. A veces lo experimentan como una injusticia y un abandono por nuestra parte, sin entender por qué la persona generosa se ha alejado. Dar en una sola dirección no es un placer compartido.

Solo apreciando lo que otros hacen por nosotros podemos recibir más, y no dándolo por sentado.

Lo que está mal no es el hecho de pedir, sino nuestra manera de hacerlo.

Sin embargo, hay una diferencia entre asegurarse de que la otra persona nos ha entendido bien y querer obligar al otro a darnos lo que deseamos.

Forzar provoca que se cierre.

Expresar honestamente nuestro deseo y dejar que la otra persona sea libre de responder es respetarla y ofrecerle la posibilidad de obtener placer al querer hacernos felices.

Dar debería ser siempre un placer.

PEDIR ES HACER SUFRIR A LOS DEMÁS

Cuando Odile era una niña pequeña, su madre se ocupaba de la tienda familiar además de sus hijos y su propia madre, que padecía la enfermedad de Alzheimer. Un día, Odile le pidió algo a su madre, y ella le respondió: «Ahora no».

Odile se marchó, decepcionada y triste, pensando: «Si tiene tiempo para todos pero no para mí, es porque yo no soy importante para ella».

Luego se recompuso y se culpó a sí misma por juzgar a su madre y consideró que solicitarle algo era añadirle más carga de trabajo y hacerla sufrir. Por lo tanto, aprendió a organizarse sola, sin esperar nada de los demás.

Cuando se convirtió en adulta, si su interlocutor no la escuchaba y ella no sentía que la tuviesen en cuenta, se cerraba y se alejaba sin decir nada, lo cual hacía que experimentase una sensación de soledad de la que no sabía cómo liberarse.

La ayudé a entender que a veces tenemos que ayudar a otros para que escuchen nuestras necesidades.

Cuando su madre le contestó «ahora no», probablemente quería decir: «Me gustaría tener tiempo para prestarte la atención que pides, pero, en este momento, no puedo ofrecértelo».

Odile había pensado que al preguntarle le estaba añadiendo una carga a su madre, y ya no se atrevía a preguntar o pedir nada. Sin embargo, si le hubiera dicho: «¿Tendrías un momento en el que pudieras hacerme caso, mamá?», su madre podría haberle contestado: «Déjame terminar esto y entonces podré dedicarte mi tiempo».

Odile hizo este trabajo con su niña interior. Esto le permitió transformar su ecuación, que era «pedir = molestar a los demás», en «pedir teniendo en cuenta a los demás = ser considerada».

Cuando culpamos a otros por no escucharnos, a menudo nos damos cuenta de que somos nosotros los que no los escuchamos a ellos.

NO QUIERO DEBERLE NADA A NADIE

Aprendí muy pronto a ganar dinero para mis gastos y luego a asumir mis responsabilidades económicas. Debo admitir que estaba bastante orgullosa de ser económicamente autosuficiente. En 1986, abrí mi primer centro de desarrollo personal en Montreal. Al año siguiente comenzó una guerra mediática contra ese tipo de centros. Me vi obligada a declararme en quiebra en junio de 1988. Fue entonces cuando emprendí un viaje iniciático que me llevó a la India.*

Cuando regresé, no disponía de ingresos ni coche, no tenía adónde ir y debía devolver más de cincuenta mil euros.

Un amigo al que le había confiado mi coche y mis muebles vino a recogerme cuando regresé. Como debía ausentarse de la ciudad, me dejó quedarme en su casa por un tiempo. Luego hice un balance para tratar de comprender qué me había llevado a esa situación que consideraba un fracaso.

Me di cuenta de que cada vez que acababa con uno de mis compañeros, siempre se lo dejaba todo sin pedirle nada; prefería arremangarme y empezar de nuevo. También me di cuenta de que en mi centro de desarrollo personal, siempre me había asegurado de que a mis empleados se les pagara, pero para mí solo tomé lo esencial, sin ser consciente de que actuando de esa manera no era justa conmigo misma.

¿Por qué no pedí nada? Cuando era niña, si no me comportaba bien, mi madre me decía: «No estás siendo buena. Te di ese bonito abrigo que querías y esa bonita bicicleta nueva con la que soñabas». Repasaba todo lo que había hecho por mí o me había dado. Hizo que me sintiera en deuda y como una desagradecida. Esa es la razón por la que, ya a la edad de once años, empecé a querer ganar yo misma el dinero para mis gastos, material escolar, ropa...

---

* La autora relata este viaje en su libro *Ma vie pour la Lumière. La naissance de la Métamédecine: Du désespoir au bonheur,* Guy Trédaniel éditeur, 2015.

Ya no deseaba deberle nada a nadie. Así que cuando alguien hacía algo por mí, me aseguraba de devolverle más, para que no pudiera culparme por hacer esto o aquello por mí.

La precaria situación en la que vivía me hizo darme cuenta de que al no querer deberles nada a los demás, había cerrado las puertas a la abundancia. Las experiencias que acababa de tener me pusieron en situaciones en las que me vi obligada a pedir. Lo admití, y decidí no dejar que mi orgullo fuera mi dueño. Llamé de inmediato al padre de mi hija:

–Hola Léo, soy Claudia. Acabo de volver de la India hace unos días. Léo, nunca te he pedido nada para Carina. Lo hice porque no quería deberte nada, y también era una manera de querer mantener a Carina para mí. Pero me he dado cuenta de lo equivocada que estaba. Carina también es tu hija, tienes derecho a mantener a tu hija. Ahora mismo, estoy pasando por un período difícil y necesito ayuda. Por eso te he llamado: quiero pedirte que me pagues la pensión alimenticia a la que tenía derecho y que nunca te reclamé.

–Ahora mismo, estoy desempleado –me respondió.

–Mira, Léo, no quiero quitarte el pan de la boca, dame lo que puedas.

–Podría pagarte cincuenta euros al mes. ¿Te va bien?

–Sí, Léo, acepto. Muchísimas gracias. Besa a Carina, dile que iré a verla mañana y que me la llevaré conmigo tan pronto como disponga de un alojamiento.

Sabía que acababa de dar un gran paso. En mi arrebato también decidí que, a partir de entonces, si solo podía pagar un salario, sería el mío, y que siempre sería superior al que daría a mis empleados.

Aquello fue un hito importante. Unos días después, me enteré de que la compañía de seguros había emitido un cheque por ocho mil cuatrocientos euros por mi vehículo dañado. Antes de irme, había dejado el coche en casa del amigo que me acogía. Uno de sus empleados lo necesitó y tuvo un accidente con él. El coche estaba inutilizable. Esa bonificación me proporcionó el dinero que necesitaba para empezar de nuevo e incluso me permitió alquilar el vehículo que quería: un hermoso coche blanco, de interior azul, totalmente nuevo, un Pontiac Grand Am,* como yo había deseado.

Lo llamé mi «Gran Alma». Con ese coche, estaba empezando una nueva vida. Había abierto la puerta a la abundancia. Quince meses después, había pagado los cincuenta mil euros que debía. Ya no necesitaba la pensión alimenticia del padre de mi hija. Dejé que la ingresase directamente en la cuenta de Carina. Después de eso, continué activando la energía de la abundancia para construir la casa de mis sueños y nunca más me quedé sin dinero.

Cada prueba contiene un don que uno descubre cuando la ha superado.

En mi libro *Je me crée une nouvelle vie formidable*,** escribí en 2005:

Hoy, 1 de marzo de 2005, estoy comenzando una nueva vida y decido darme el derecho a la felicidad, decido vivir en lugares que están de acuerdo con mi divinidad, donde me siento totalmente bien. Decido amarme, respetarme y cuidarme para que nadie me falte el respeto o se aproveche de mi tolerancia y generosidad. Decido creer en mí misma y en mi potencial para expresar lo mejor de mí misma en lo que es importante para mí. Decido darme más tiempo para relajarme y disfrutar de la vida. Y esto antes del 1 de mayo de 2006.

Esto es lo que me comprometo a hacer para que tome forma o se haga realidad: me comprometo a ser optimista, a tratar de entender la causa

* Coche americano producido por Pontiac en tres series: de 1973 a 2005.

** Este libro fue publicado bajo el título *Je me crée une vie formidable*, por Jouvence, que dejó de editarlo en 2013. Será reeditado bajo el título *Je me crée une nouvelle vie*, de Guy Trédaniel éditeur. Este libro ha sido publicado por Editorial Sirio con el título *Crea tu nueva vida* (2011).

de mis dificultades y las lecciones asociadas con ellas, en lugar de culpar a otros o a mis carencias. Estoy comprometida a considerar la vida como a una amiga que busca darme lo mejor. Prometo ser más indulgente conmigo misma y los demás. Me comprometo a confiar más en la vida. Doy las gracias por todo lo que he recibido hasta ahora y por todo lo que recibiré.

Diez años después, todo lo que había escrito se había hecho realidad. Lo que había conseguido para el 1 de mayo de 2006 se amplió durante un período de diez años.

Algunas personas confunden la ley de la atracción con el pensamiento mágico; sin embargo, no basta con escribir una declaración positiva para que se convierta en realidad. La afirmación positiva es una orientación que se da al subconsciente, pero una orientación no lo es todo. Tener un mapa de carreteras no significa que no pueda sufrir un pinchazo en el camino, conducir en la dirección equivocada, ir en círculos o que deba regresar a mi punto de partida.

Lo que me permitirá alcanzar el objetivo que me he fijado será mi determinación para lograrlo, a pesar de los obstáculos que pueda encontrar.

Para realizar lo que había escrito, tenía que seguir adelante en el camino hacia el conocimiento de mí misma, superar las dificultades, aprender de las pruebas, empezar de nuevo, buscar por qué todavía estaba en los mismos escenarios de sufrimiento y continuaba creyendo en ellos, a pesar de que habría sido mucho más fácil resignarme a decirme a mí misma: «¡Así es la vida! ¿Qué es lo que quieres? En la vida no haces lo que quieres, sino lo que se puede».

Una vez le dije a una participante en uno de mis seminarios que tenía todas las razones para caer en una depresión: «Dejarse caer no requiere mucho esfuerzo; se necesita mucho más para levantarse, pero esa es la diferencia entre vivir o sobrevivir».

La volví a ver años después, y su vida había cambiado por completo. Me dijo que aquella frase le había dado la fuerza para hacerse cargo de su vida.

Lo que había escrito el 1 de marzo de 2005 mi subconsciente lo había retenido y me había atraído a la gente y las situaciones adecuadas para lograrlo.

> *Es el deseo lo que hace que los sueños se conviertan en realidad. Cuanto más le pidas a la vida, más recibirás.*
>
> **Napoleon Hill**

PREGUNTA EN EL LUGAR ADECUADO

Una amiga me pidió una consulta. Llevaba seis meses sin ninguna energía. Todo había empezado once meses antes. Había invertido mucho tiempo y energía en una empresa que le importaba mucho. Su marido, exaltado por el éxito de su negocio, comenzó a pensar a lo grande y a desarrollar nuevos mercados. Pidieron préstamos importantes. Las inversiones no obtuvieron los resultados esperados, y se encontraron en grandes dificultades financieras. Esto la situó durante meses en un nivel muy elevado de inseguridad. Afortunadamente, encontraron un comprador que disponía de los medios para reiniciar la operación. Liberados del estrés, se ofrecieron a sí mismos un viaje a los Mares del Sur. Acababan de llegar a la habitación del hotel cuando ella sintió fuertes palpitaciones, un intenso dolor en el pecho que le dificultaba respirar. Su marido llamó urgentemente a la recepción del hotel. Llegó un médico y le puso inyecciones que le calmaron el dolor. Tras ese incidente se quedó sin energía, todo requería un esfuerzo. Como vivía cerca de un lago, a menudo pensaba: «Si pudiera pasear por el lago, me parece que me haría mucho bien». Les había pedido a sus padres que le prestaran una canoa que ya no utilizaban. No quisieron, y le dolió mucho. Trabajé con ella para ayudarla a entender lo que la había llevado a experimentar las situaciones difíciles que había encontrado; regresamos a la profunda decepción que había experimentado con sus padres por su negativa a prestarle la canoa. Le dije: «¿Será que no te dirigiste a la persona adecuada?». Dije esto pensando que podría habérselo pedido a la Energía divina.* La volví a ver dos meses después. Había recuperado su energía. Su corazón estaba bien. Me dijo en esa ocasión:

> Claudia, tenías razón, no pedí en el lugar adecuado. Envié mi petición al universo y fue escuchada. Por mi aniversario, recibí una hermosa canoa nueva de mi hermano, a quien nunca pensé pedírsela.

Y tú, ¿por qué no le pides también al Universo?

Antes de hacer tus peticiones, sé claro contigo mismo sobre lo que quieres, para formularlas correctamente. Recuerda, solo tú puedes pedir para ti mismo; cada uno es libre de dirigir sus peticiones.

¿Qué te gustaría realizar en el curso de tu vida?

> Si solo te quedara un año de vida, ¿qué harías ese último año?
> ¿Qué te gustaría que escribieran en tu lápida?
> ¿Qué te gustaría dejar a este mundo cuando te marches?

Su santidad el dalái lama dijo:

> Lo que más me sorprende de los seres humanos es que viven como si nunca fueran a morir y mueren como si nunca hubieran vivido.

* Dios, Brahma, Alá... son en realidad sinónimos. Todos estos nombres describen una Consciencia superior.

Ahora, te invito a escribir tu carta al universo

Cuando escribas tus solicitudes, imagina que tienes una varita mágica y que puedes pedir lo que quieras, sin tener que preocuparte de cómo se materializará. Los únicos límites residen en lo que tú creas que puedes conseguir, así que no tengas miedo de pensar a lo grande.

Hoy, día ...., abro la puerta a la abundancia, y esto es lo que le pido al Universo:

....

....

....

y esto antes de ....

A esto es a lo que me comprometo para obtenerlo:

....

....

....

He aquí un ejemplo:
Hoy, día ...., abro la puerta a la abundancia, y esto es lo que le pido al universo. Pido estar sano, ser dinámico, irradiar luz y amor. Solicito ser económicamente independiente y tener un trabajo en el que pueda realizarme plenamente. Pido vivir en armonía con mi...... o mis......
Pido......, y esto antes de ....

Personalmente, escribo:

Hoy, día 17 de julio de 2017, me abro a la felicidad y a la abundancia, y le pido al universo ser bella, saludable, dinámica, para irradiar luz y amor. Pido estar bien inspirada para escribir libros que serán traducidos a varios idiomas para guiar a tantas personas como sea posible en el camino hacia la felicidad. Pido en esta misión la colaboración de personas altamente motivadas, dispuestas a poner su potencial y su amor al servicio de la misión para el desarrollo y la difusión de la metamedicina en todo el mundo. Por último, pido que mis escritos tengan éxito para que puedan contribuir al desarrollo de una Nueva Consciencia, una Nueva Humanidad, y esto antes de mi setenta cumpleaños.

Esto es lo que me comprometo a hacer para obtenerlo:

Me comprometo a cuidar mi salud, organizar mi tiempo y utilizar mejor mi energía para vivir una vida personal y profesional equilibrada. Me comprometo a dedicar más tiempo a la escritura. Me comprometo a rodearme de personas capaces de apoyarme y de aportarme sus capacidades para progresar en esta misión que llevo a cabo. Me comprometo a escuchar mis sentimientos para tomar las elecciones adecuadas y adoptar las decisiones correctas.

Por esto es por lo que quiero dar **GRACIAS** a la vida:

Te agradezco por mi compañero de vida, mi familia, mis esposos anteriores, mis hijos, mis nietos, los amigos que he tenido y que tengo. Te agradezco por todos los maestros e instructores que me enseñaron, los maestros que me inspiraron, los participantes en mis seminarios que me permitieron aprender, descubrirme y seguir adelante en el camino de mi evolución. Te agradezco por las experiencias que he tenido, la abundancia que recibí, el amor que compartí y que vivo. También te agradezco por todo lo que recibo cada día, así como regalos y recompensas futuras. Finalmente, agradezco a mis guías espirituales de luz que me acompañan en el camino de mi evolución.

Todo es posible para el que cree.

Marcos, 9: 23.

Capítulo 3

Cada uno tiene el mérito que ha creado para sí mismo

Tendremos el destino que merezcamos.

Albert Einstein

Un anuncio de televisión mostraba a una mujer exhausta después de limpiar su casa. Se tiró en su sillón con una barrita de chocolate en la boca: «¡Ah, me he ganado bien ganada la barrita de Mars!».

Al igual que ella, hemos aprendido a asociar el mérito a sufrimiento y esfuerzos laboriosos.

Una madre a su hija: «Te comprarás ropa bonita cuando hayas hecho bien tu trabajo; entonces te habrás ganado lo que lleves».

Un padre a su hijo: «Nunca conseguirás nada mientras una gota de sudor no te recorra la frente».

Esto probablemente procede de la famosa frase bíblica:

Te ganarás el pan con el sudor de tu frente, hasta que regreses a la tierra de donde saliste.

Génesis, 3: 19

La madre de mi pareja les decía a veces a sus hijos: «Tu padre trabaja más días de los que hay en un año», refiriéndose a las horas extras que su marido trabajaba. Probablemente quería hacerles entender lo valiente y trabajador que era su padre y cuánto mérito tenía.

Mi compañero tampoco contaba sus horas extras, tampoco se tomaba vacaciones.

Mi madre, como el padre de mi pareja, trabajaba continuamente, desde el amanecer hasta el anochecer. Yo también la consideraba muy valiente y, como ella, tampoco me concedía el derecho de parar. Pensaba que para lograr mis objetivos, tenía que poner mucho esfuerzo en ello. Estaba logrando mis objetivos, ¡pero a qué precio! A veces hasta el agotamiento.

Ahora me doy cuenta de lo mucho que me exigía a mí misma. ¿Por qué razón? Probablemente para sentirme bien por haber tenido una vida mejor que la de mi madre. También tenía la creencia de que cuanto más esfuerzo se requería, más lo merecía. Por ejemplo, al principio, escribí todos mis libros a lápiz para poder corregirlos cuando fuese necesario. Este laborioso trabajo requería mucho más tiempo. A veces había escrito hasta quinientas páginas para únicamente conservar trescientas. Me justifiqué pensando que no habría tenido la misma inspiración si hubiera usado un teclado de ordenador. Ahora puedo ver que era para sentir que tenía más mérito al haberle dedicado tantas horas.

Además, cuando mi madre me decía: «Tuviste mucha suerte de haber tenido tanto éxito. Tu pobre hermano está tirando del demonio por la cola»,* podía contestarle: «Mamá, yo trabajo mucho

* Expresión que significa 'tener dificultad para apañárselas económicamente, vivir al día'.

más que él, yo trabajo siempre». Y, al igual que la mujer del anuncio, podía decirme: «Mi calidad de vida es algo que me he merecido».

Lo que ignoraba es que habría podido obtener los mismos resultados sin hacer tantos esfuerzos, pero mantenía otra creencia que debía cambiar. Creía que debía sacrificar mi vida personal a mi misión para que mis actos tuvieran más mérito.

Un participante en uno de mis seminarios me preguntó:

–Tengo resistencia a que me paguen por las ideas que aporto a la empresa para la que trabajo, porque verás, son ideas que me llegan de manera espontánea, no tengo que esforzarme nada. ¿Cómo podría liberarme de esa resistencia?

–Si lo he entendido bien, para ti *esfuerzo* equivale a *valor*, y *sin esfuerzo* equivale a *sin valor*, ¿es así?

Sonrió. Acababa de hacerse consciente de que le había concedido más valor a su fuerza física que a su inspiración.

¿Sobre cuál de tus fuerzas te apoyas para ganarte el sueldo? ¿Sobre tu fuerza física, tu fuerza intelectual o tu fuerza creativa?

Hace unos años, mi compañero y yo iniciamos la construcción de nuestra casa en la República Dominicana.

Para ello, utilizamos distintos equipos, dependiendo de su especialidad.

Los equipos estaban compuestos de ayudantes, obreros y un capataz. Los ayudantes estaban encargados de transportar los materiales y de asistir a los obreros. Estos (albañiles, carpinteros, herreros, electricistas, fontaneros...) realizaban los trabajos. Los capataces dirigían a los ayudantes y los obreros.

Finalmente estaba el arquitecto encargado de la realización del proyecto de la vivienda.

Los ayudantes y los obreros trabajaban con el sudor de su frente de las siete de la mañana a las cinco de la tarde a cambio de un salario diario de diez euros para los ayudantes y veinte para los obreros.

Los capataces trabajaban el mismo número de horas, pero su trabajo se limitaba a dirigir, controlar a los obreros y tomar decisiones en su lugar. Ellos ganaban alrededor de cien euros al día.

Finalmente, el arquitecto se llevaba entre el 15-20 % del precio de construcción. Solo aparecía por la obra en las horas que hacía menos calor y rara vez se quedaba más de una hora. Su papel consistía en asegurarse de que se respetaban los planos. Ganaba alrededor de quinientos euros diarios.

Eso podría recordarnos lo que contaba Jesús en la parábola de los jornaleros.

¿Quiénes eran los más meritorios?

¿Los que usaban su fuerza física y ganaban entre diez y veinte euros al día, los que utilizaban su fuerza de reflexión y ganaban cien euros al día o el que empleaba su fuerza creativa para ganar quinientos euros diarios?

A menos que sean una especie de Hércules, son pocas las personas que se han enriquecido gracias a la fuerza de sus músculos. Los buenos deportistas combinan la fuerza física y la mental, y los que más éxito tienen utilizan más su poder creativo.

Las personas que hacen uso de sus capacidades de reflexión optan muy a menudo por un trabajo autónomo o dirigen a los demás. En general se ganan mejor la vida que sus subalternos. Es la razón por la que nuestros padres nos animaban a realizar largos estudios: «Cuantos más títulos tengas, mejor te ganarás la vida», nos decían.

Los innovadores utilizan sus facultades de reflexión e imaginación para crear conceptos nuevos. Se rodean de especialistas para alcanzar sus objetivos. Suelen ser ellos los que se hacen más ricos.

Henry Ford es un buen ejemplo. Imaginó un motor en el que los ocho cilindros conformarían un único bloque y les pidió a sus ingenieros que lo diseñasen. Tras estudiar el proyecto, estos concluyeron que era imposible crear un motor de ocho cilindros en una sola pieza. Pero Ford no era el tipo de hombre que se detiene ante la primera dificultad. La palabra *imposible* no formaba parte de su vocabulario.

—Háganlo igualmente —dijo.

—¡Pero es imposible!

—Pues vuelvan a intentarlo —ordenó a sus ingenieros.

Regresaron al trabajo: no tenían otra opción si querían conservar el empleo.

Volvieron a retomar el estudio y, un bonito día, como por arte de magia, descubrieron el secreto de la construcción del famoso motor V8.

Ford imaginó un motor que todavía no existía. ¿A qué fuerza se había remitido? ¿A su fuerza física, a su fuerza intelectual o a su fuerza creativa?

¿Quién tuvo más mérito? ¿Los que transportaron o colocaron las piezas, los que reflexionaron sobre la manera de hacer posible una idea que en principio consideraron imposible o quien creyó en lo imposible?

Todos tenían mérito, pero reconozcamos que quien tuvo la idea no hizo tantos esfuerzos. Su mérito provenía de permanecer atento a su intuición.

En el Evangelio encontramos una hermosa parábola de Jesús que podría aplicarse a esto: **la parábola de los talentos**.

> Porque el reino de los cielos es como un hombre que, yéndose lejos, llamó a sus siervos y les entregó sus bienes. A uno dio cinco talentos, y a otro dos, y a otro uno, a cada uno conforme a su capacidad; y luego se fue lejos. Y el que había recibido cinco talentos fue y negoció con ellos, y ganó otros cinco. Asimismo el que había recibido dos, ganó también

otros dos. Pero el que había recibido uno fue y cavó en la tierra y escondió el dinero de su señor. Después de mucho tiempo vino el señor de aquellos siervos, y arregló cuentas con ellos. Y llegando el que había recibido cinco talentos, trajo otros cinco talentos, diciendo: «Señor, cinco talentos me entregaste; aquí tienes, he ganado otros cinco talentos sobre ellos». Y su señor le dijo: «Bien, buen siervo y fiel; has sido fiel con poca cosa, te confiaré mucho; entra en el gozo de tu señor». Llegando también el que había recibido dos talentos, dijo: «Señor, dos talentos me entregaste; aquí tienes, he ganado otros dos talentos sobre ellos». Su señor le dijo: «Bien, buen siervo y fiel; has sido fiel con poca cosa, te confiaré mucho; entra en el gozo de tu señor». Pero llegando también el que había recibido un talento, dijo: «Señor, sabía que eras un hombre duro, que siegas donde no sembraste y recoges donde no esparciste; por lo cual tuve miedo, y fui y escondí tu talento en la tierra; aquí tienes lo que es tuyo». Respondiendo su señor, le dijo: «Siervo malo y negligente, sabías que siego donde no sembré, y que recojo donde no esparcí. Por tanto, debías haber dado mi dinero a los banqueros, y al venir yo, hubiera recibido lo que es mío con los intereses. Quitadle, pues, el talento, y dadlo al que tiene diez talentos. Porque al que tiene, le será dado, y tendrá más; y al que no tiene, aun lo que tiene le será quitado. Y al siervo inútil echadlo a las tinieblas de afuera; allí será el lloro y el crujir de dientes».

Mateo, 25: 14-30

¿Quién es el señor? El señor es la vida, la ley de causa y efecto.

¿Qué son los talentos? En la época de Jesús eran una moneda romana de gran valor. Jesús los utilizó como analogía del potencial de cada uno.

Al nacer, cada uno de nosotros posee un carácter innato. Ello hace que algunas personas sean más bellas o más inteligentes. Otras, sin saberlo, poseen talento para la música, el canto, el dibujo, la pintura, la escultura, el teatro, la escritura, la ciencia, la informática, las ventas, la enseñanza..., que descubrirán a través de sus deseos y habilidades. Otras serán más fuertes, más rápidas, más ingeniosas... Algunas se verán afectadas por discapacidades, pero también tendrán fortalezas y talentos que deberán desarrollar.

Influye asimismo el entorno en el que evolucionaremos. Este entorno nos ofrecerá a cada uno de nosotros diferentes oportunidades. Algunos experimentarán la pobreza, otros la riqueza, otros se beneficiarán del amor y el aliento de sus padres, mientras que habrá otros que se enfrentarán a la crítica, denigración o abandono de sus progenitores. Algunos de ellos tendrán la oportunidad de estudiar durante mucho tiempo, mientras que otros se verán obligados a dejar la escuela muy pronto para ganarse la vida o ayudar a sus familias.

El capital inicial de cada uno corresponde a los talentos de los que habla Jesús. Algunos recibieron cinco talentos, otros dos y otros solo uno.

Con este capital inicial, también se nos ha dado la libertad de hacerlo fructificar.

En el budismo, se nos enseña que nuestra vida es un jardín, y todo lo que sembramos en este jardín prepara lo que cosecharemos en esta existencia y en nuestras vidas futuras. Los hindúes lo llaman la «ley del karma» y San Pablo dice a los cristianos (Gálatas, 6: 7): «Lo que el hombre ha sembrado, recogerá».

Nuestro capital inicial por lo tanto viene de lo que hemos sembrado en nuestras encarnaciones anteriores.

Cada uno tiene el mérito que ha creado para sí mismo, así que no se trata del esfuerzo sino de la semilla que todos han sembrado y siguen sembrando en su jardín.

Donde yo vivo, un trabajador solía responder a todo: «No hay problema». Si le pedía que hiciera una tarea, decía: «No hay problema». Si, para mostrarle mi satisfacción, le dijera que le pagaría más, en lugar de responderme: «Gracias», me respondería: «No hay problema».

Sin embargo, yo había observado que siempre tenía muchas dificultades económicas, porque cuando no tenía trabajo, compraba a crédito. Incluso a veces me pedía un adelanto para poder alimentarse.

Un día, sentí que era el momento adecuado para que se hiciera algo consciente:

–Pepe, ¿has observado que, no importa lo que te diga, siempre me contestas: «No hay problema»? ¿Y tú cómo vives?

–Con problemas...

–¿Qué dirías si pudieras decir algo más favorable para ti?

–¿Qué podría decir?

–Pues, por ejemplo, podrías decir: «Todo bien»*.

Lo repitió de inmediato. Y cuando le preguntaba algo más tarde, al principio empezaba su frase con: «No hay pr...». E inmediatamente se detenía y decía: «¡Todo bien!».

Unos días más tarde, un empleador que le debía una gran cantidad de dinero lo llamó para decirle que los dueños habían llegado y que podría pagarle lo que le debía. Él respondió: «¡Todo bien!».

Yo había ayudado a este trabajador a desarrollar su talento, capacitándolo para usar mejor el poder de sus palabras.

Un hombre muy sabio, Lao Tzu, dijo:

> Si quieres alimentar a una persona durante un día, dale pescado; si quieres alimentarla para siempre, enséñale a pescar.

La adapté de la siguiente manera: *si quieres ayudar a una persona a corto plazo, dale aquello que tú creas que necesita, pero si quieres ayudarla a largo plazo, ayúdala a ayudarse a sí misma*.

Recuerda, sin embargo, que no puedes proporcionar ayuda real más que a quien lo solicita o está dispuesto a recibirla.

En este jardín de nuestra vida, nuestros pensamientos, nuestras palabras, nuestras decisiones, nuestras creencias, nuestras acciones y nuestras reacciones son las semillas de frutos que cosecharemos mañana, pasado mañana y en nuestra próxima encarnación.

---

* En castellano en el original.

Así que si pensamos que nunca hemos tenido una oportunidad, atraeremos las situaciones que confirmarán esa creencia.

Si nos damos cuenta de esta creencia al observar todas las maravillosas oportunidades de las que hemos disfrutado en nuestras vidas, podremos cambiarla y decir: «He tenido muchas oportunidades maravillosas hasta ahora en mi vida, y sé que siempre las tendré».

¿Qué ocurrirá con la plantita correspondiente a «nunca he tenido suerte»? Bueno, si dejamos de ocuparnos de ella, morirá.

Si nutrimos el pensamiento: «He tenido muchas oportunidades maravillosas hasta ahora en mi vida, y sé que siempre las tendré», crecerá para dar los frutos de oportunidades maravillosas.

¿Requiere sudor o trabajo duro?

No, simplemente requiere que despiertes tu conciencia y elijas lo que siembres y mantengas en el jardín de tu vida.

Si pensamos o repetimos: «La vida es una batalla perpetua» o «Debes ganarte el cielo en la Tierra», atraeremos conflictos y luchas, quizás incluso en forma de linfoma o leucemia,* lo que demostrará nuestra convicción.

¿Cómo usas tus habilidades de pensamiento?
¿Las usas para juzgar o criticar a otros?
¿Las usas para quejarte?
¿Las usas para escuchar tus miedos?
¿O las usas para superarte a ti mismo, para crear?

* Cuando sientes que tienes que luchar o que estás en una pelea sin fin, esta creencia se puede expresar a través de una afección de nuestro sistema linfático, que no es otra cosa que el sistema de defensa de nuestro cuerpo. La autora discute las causas de la incomodidad y la enfermedad en su libro *Métamédicine - La guérison à votre portée*. Editorial Sirio acaba de publicar la edición actualizada y revisada de este libro con el título *Metamedicina. Cada síntoma es un mensaje*.

Cuando dejé mi trabajo para unirme al centro de crecimiento personal Écoute Ton Corps, nunca antes había dado una clase y tenía mucho miedo de no estar a la altura de las circunstancias. En lugar de escuchar mi miedo y dejar que me paralizase, usé mi pensamiento creativo y me repetí: «Tengo en mí todo lo necesario para tener éxito, y tengo éxito en todo lo que hago». Al principio, no lo creía, pero quería creer en ello. Así que persistí, y cada pequeña victoria me ayudó a creer más.

Mi éxito vino de mi poder creativo y mi mérito de haberlo perseguido. El mérito no tiene que ver con el sufrimiento o el agotamiento, sino con la perseverancia.

Al perseverar, había hecho fructificar mis «talentos» o mi poder creativo.

Las semillas sembradas necesitan ser regadas, la planta joven necesita un tutor, y el árbol necesita encontrar vientos en contra para fortalecerse.

El mejor esfuerzo que podemos hacer para lograr nuestros objetivos es el de la perseverancia, es decir, persistir, incluso si es difícil.

He observado en mi vida que todo lo que me resulta muy difícil al principio es lo que me reporta más felicidad después. Por ejemplo, cuando empecé mis demostraciones con grupos de crecimiento, me resultó muy difícil, porque me hizo recordar todos mis temores: no estar a la altura de las circunstancias, ser criticada, incomprendida, denigrada, acusada de querer enriquecerme con el sufrimiento de los demás, etc.

¡Cuántas veces pensé en dejarlo! Afortunadamente, había derribado los puentes que iba dejando atrás y no tenía otra opción que seguir adelante. Cuando empecé a dominar mejor la facilitación de grupos, lo disfruté y, a los sesenta y seis años, todavía siento una gran alegría al dirigir grupos.

Lo mismo ocurrió con algunos de los seminarios que creé, incluyendo «Meta 33».* Había estudiado anatomía y fisiología humanas, pero solo lo había hecho para aprobar los exámenes y no había tenido ninguna necesidad de ellas en mi trabajo en microbiología. Sin embargo, la jerga médica es tan amplia que, una vez más, tenía miedo de no estar a la altura de las circunstancias, de no conocer la terminología. Afortunadamente, en cada ocasión disponía de un buen médico o enfermera en quien podía confiar en caso de que tuviese una laguna. Ese seminario fue el que me requirió más energía para superar mi miedo a no ser lo suficientemente competente en el plano médico. Qué de veces pensé en confiárselo a uno de mis consultores, enfermeras o médicos, pero perseveré. Volví a repasar mis estudios de anatomía y fisiología. Esta perseverancia me permitió sobre todo desarrollar *El gran diccionario de la metamedicina*, que, espero, se convierta en un libro básico en las facultades de medicina. Mi perseverancia no me ha exigido esfuerzos tediosos, pero me ha empujado a continuar para superarme.

En cierta ocasión estaba leyendo estadísticas sobre los seres humanos y me llamó especialmente la atención esta frase: «Si dispones de comida en tu nevera, llevas ropa encima, tienes un techo sobre tu cabeza y un lugar para dormir, eres más rico que el setenta y cinco por ciento de los habitantes de la Tierra».

Me pregunté cómo era posible, dado que la mayoría de los seres humanos tienen la capacidad de pensar.

Luego recordé la conferencia en la que intervine cuando tenía treinta y tantos años. El título de la conferencia era «¡Eres un campeón!».

---

* Uno de los cursos de formación de la autora, que trata las causas de las enfermedades y los trastornos.

El orador, Jean-Marc Chaput, un buen autor quebequés, comenzó su alocución diciendo: «Miles de espermatozoides compitieron para fertilizar el óvulo de tu madre. ¿Quién ganó? Tú. Así que todos somos campeones».

En esta conferencia, comparó el mundo con un desfile. De acuerdo con él, el cinco por ciento de la gente estaba participando en el desfile, el treinta y cinco por ciento estaba viéndolo pasar y el sesenta restante ni siquiera sabía que había un desfile.

¿Quién es este 5 %? Son los que están al tanto de su poder creativo y de cómo usarlo para lograr sus objetivos. ¿Quiénes son el 35 %? Son los que admiran a los que han tenido éxito. Saben que tienen el poder de cambiar sus vidas, pero tropiezan con muchos obstáculos para lograr sus objetivos. En cuanto al 60 %, no saben que pueden cambiar su destino. No se les ocurriría que son los creadores de las situaciones en que se encuentran y que pueden modificarlas. Viven en una modalidad de supervivencia, trabajando más por un salario que para superarse a sí mismos. Se podría decir que son esclavos pagados. A diferencia de los esclavos del pasado, no tienen otro amo que sus propios miedos, especialmente el de la escasez.

Muchos te dirán que no tuvieron la oportunidad de estudiar, que se vieron obligados a dejar la escuela para ayudar a sus familias, etc.

Otros creen que es Dios o Alá o alguien más quien decide sus vidas. Por ejemplo, en la República Dominicana, cuando le digo a un empleado: «Hasta mañana», inevitablemente recibo la respuesta: «¡Si Dios quiere!». Si Dios quiere, volveré mañana... Si Dios quiere, comeré mañana... Si Dios quiere, estaré sana... Si Dios quiere, encontraré un marido...

¿En qué categoría te encuentras?

En este jardín de nuestras vidas, las acciones que emprendamos tendrán consecuencias que deberemos asumir. El bien y el mal volverán a nosotros.

Si somos amables y buenos, atraeremos a gente que se comportará de la misma manera con nosotros.

Si criticamos a otros, también atraeremos a personas que nos criticarán a nosotros.

Si nos mentimos a nosotros mismos, atraeremos gente que no será auténtica con nosotros.

Si no escuchamos nuestras necesidades, atraeremos a personas que nos ignorarán.

Si tenemos consideración por nosotros mismos, atraeremos a individuos que serán considerados con nosotros.

Todo comienza por uno mismo,
el mundo es nuestro espejo.

Nos enseñaron:

No hagas a los demás lo que no te gustaría que te hicieran a ti.

Yo añadiría:

Hazte a ti mismo lo que quieres que te hagan los demás.
Ámate a ti mismo como te gustaría que te amaran.
Date lo que te gustaría recibir.
Trátate a ti mismo de la manera en que deseas que te traten.
Respétate a ti mismo como te gustaría que te respetaran los demás.
Cuanto más te ames a ti mismo, más podrás amar a los demás.

Cuanto más respeto tengas por ti mismo, más respeto tendrás por los demás.

Cuanto más te perdones a ti mismo, más perdonarás a los demás.

Cuanto más feliz eres, más puedes llevar alegría a los que te rodean.

La gente feliz no hace daño a nadie.

Aprende a reconocer tus méritos

En este jardín de nuestra vida, todos hemos sembrado un montón de pequeñas semillas de mérito que no dejamos germinar porque no les concedemos la importancia suficiente o porque, a veces, renunciamos a nuestro sueño cuando el éxito estaba cerca.

Cada vez que concentramos nuestra atención sobre nuestros aspectos negativos, hacemos crecer lo que no nos gusta en nosotros y dejamos atrás nuestros rasgos más bellos.

Por ejemplo, durante años, me rechacé a mí misma pensando que era demasiado extrovertida, demasiado habladora, demasiado orgullosa, demasiado testaruda... Esto se debió en gran medida a los reproches que algunas personas de mi entorno me hacían. Sin embargo, esas críticas tenían un fondo de verdad.

¿Qué había detrás de ese lado demasiado extrovertido? Un deseo de acercarme a los demás, pero no sabía cómo.

¿Qué había detrás de ese lado parlanchín? Una necesidad de ser capaz de expresar todo lo que sentía, pero no sabía cómo controlarlo.

¿Qué había detrás de ese ego? Había miedo. Miedo de no ser capaz de estar a la altura de las circunstancias, miedo a ser juzgada, denigrada, rechazada, a ocupar el banquillo de los acusados...

¿Qué había detrás de esa terquedad? Temor a no conseguir lo que quería.

¿Y qué había de hermoso en mí que merecía ser destacado?

Estaba mi naturaleza generosa, no solo con lo que poseía, sino sobre todo con mi tiempo. Ese tiempo que consagraba a los demás escuchándolos, comprendiéndolos, animándolos, ayudándolos a creer en sí mismos, a creer que podrían transformar su vida para mejorarla...

Estaba mi autenticidad para ayudarlos a reconocerse a sí mismos a través de mis propias experiencias, mis heridas, mis dudas, mis sufrimientos...

Estaba mi amor, que se expresaba en mi dulzura, mi paciencia, mi comprensión, mi compasión frente a los que sufren, mi indulgencia hacia aquellos que se alejaron de mí o me rechazaron...

Estaba mi determinación, que me hizo no permitirme dejar de lado las dificultades.

Estaba mi perseverancia, que me preparó para creer una y otra vez.

Estaba mi entusiasmo, que hizo que otros quisieran seguirme.

¿Puedes realizar este ejercicio para ti mismo?

- Haz una lista de los aspectos que no te gustan de ti mismo y averigua qué se esconde detrás de ellos para lograr que te lleguen a gustar.
- Reconoce todo lo que es hermoso en ti para aceptar que mereces lo mejor.
- A continuación escribe lo que creas que te mereces. Si deseas resultados rápidos, lee estas frases en voz alta a diario durante veintiún días. Si no, escríbelas y mételas en un libro que contenga hermosas energías. El simple hecho de escribirlas ya las imprime en tu mente subconsciente.

Merezco ser feliz.

Merezco ser amado.

Merezco tener una gran relación de pareja.

Merezco estar sano.

Merezco vivir en abundancia.

Merezco estar rodeado de belleza.

Merezco vivir en un lugar armonioso.

Merezco tener éxito en todo lo que hago.

Merezco... ....

Merezco... ....

Merezco... ....

Yo añadiría personalmente:

Merezco que se reconozcan mis esfuerzos.

Merezco estar rodeada de personas muy motivadas para propagar la metamedicina por el mundo.

Merezco recibir reconocimiento social.

Lo merezco, y tú también te mereces lo mejor.

Capítulo 4

Cada uno tiene lo que necesita para su evolución

El hombre necesita lo peor que hay en él si quiere alcanzar lo mejor que hay en él.

Friedrich Nietzsche

Resulta mucho más fácil aceptar la frase «cada uno tiene lo que necesita para su evolución» cuando hay tranquilidad económica y se es feliz, que cuando uno anda continuamente preocupado con problemas económicos y la vida resulta difícil.

Y, no obstante, todas las situaciones, pasadas o presentes, agradables o desagradables, corresponden exactamente a lo que necesitábamos para nuestra evolución.

Tomemos como ejemplo una familia con tres hijos. La mayor tiene sobrepeso, el segundo es delgado y la tercera es de peso normal; además, es muy bonita y es la más mimada.

¿Qué tiene que aprender la mayor de tener sobrepeso? Puede que tenga que aprender a no menospreciarse a sí misma, porque cada vez que mira a su hermana, piensa: «Soy fea». Cuando la ve con los vaqueros que le quedan tan bien, no puede evitar pensar: «Puede permitírselo, pero yo no». Y eso le hace sufrir.

Más tarde, ya de adulta, sigue comparándose con los demás y piensa de nuevo que «otros pueden..., pero yo no»: «Otros pueden comer lo que quieran, pero yo no», «Otras tienen parejas que las quieren, pero yo no»...

Finalmente, un día entenderá que mientras un girasol quiera ser una rosa, sufrirá, hasta que acepte ser un girasol y descubra su valor. Así que empezará a amarse a sí misma y a ser feliz. Podrá dejar de compararse con otros y tal vez descubrirá qué la llevó a ganar esos kilos de más: entonces podrá perderlos.

El mediano es a menudo el que busca su lugar, entre la mayor y la menor. Con frecuencia espera que alguien le haga caso y, cuando nadie se lo hace, se siente abandonado, incomprendido y tiende a aislarse. De adulto, esto es lo que revive en sus relaciones emocionales. Es posible que este niño tenga que aprender a acercarse a los demás en lugar de esperar a que otros se le acerquen.

Finalmente, la más joven, que es delgada y bonita, ¿qué tiene que aprender? Tal vez a no sentirse culpable por recibir más atención que sus hermanos. Es posible que en su vida a menudo se enfrente a personas que la admiren y a la vez se sientan celosas de ella y que no entienda su comportamiento.

Al concederse a sí misma el derecho a tener más que otros, entenderá que los que la envidian o sienten celos de ella necesitan reconocer su propio valor en lugar de sentir envidia o celos de aquellos mejor dotados que ellos.

Ricos o pobres, todos han atraído esta situación en el camino de su evolución en función de lo que necesiten aprender.

Algunos estaban bien al principio y lo perdieron todo. Otros, al contrario, no tenían nada con lo que empezar y tuvieron éxito. Algunos de ellos incluso amasaron una fortuna, otros se hicieron millonarios de un día para otro y otros no han visto mejorar su situación.

Todos obtuvieron lo que necesitaban en su evolución.

El que estaba bien y lo perdió todo podría haber sido para aprender a no pensar que eres invencible o a manejar tu riqueza, a ser humilde siendo rico o a no identificar su propio valor con los bienes materiales.

El que no tenía nada y se volvió rico puede haber tenido que aprender a darse el derecho a tener más que los demás, a gestionar mucho dinero, que la riqueza no es necesariamente una garantía de felicidad, que el dinero es un buen sirviente pero no siempre es buen maestro.

El que siempre ha tenido dificultades económicas puede haber rechazado la riqueza o pensado que no era para él.

Conocí a una persona que había ganado un poco más de un millón de euros jugando a la lotería. Para poder disfrutar de su reciente riqueza, cambió de entorno y se compró una bonita casa y un bonito coche, pero seguía viviendo con sencillez. Nadie en su nuevo entorno sabía que había ganado la lotería. Pero tenía muchos problemas con su hija, a la que le había ofrecido una casa también preciosa. Ella le pedía continuamente dinero, y cuando se lo negaba, le hacía sentir como un tacaño. Llegó a confesarme que hubo días en los que casi se arrepentía de haber ganado ese dinero.

¿Qué tenía que aprender? Tal vez, como tantos otros, que la riqueza no resuelve todos los problemas y que si no es fácil sentirse pobre entre personas ricas, tampoco lo es ser rico entre los menos afortunados.

Esto puede hacernos entender por qué tanta gente no quiere ser rica y por qué los ricos tienden a aislarse de los demás o a agruparse.

Ser rico no es solo tener mucho dinero o bienes materiales, es sobre todo una disposición mental. Para aquellos que provienen de un entorno próspero, la riqueza es algo natural, mientras que la persona de origen modesto debe aprender a vivir con la abundancia.

Recuerdo a una participante en uno de mis seminarios que sufría de temblor esencial.* Se había casado con un hombre que provenía de una familia noble, mientras que ella pertenecía a una familia modesta. Cuando se encontraba con sus suegros, siempre tuvo miedo de no tener los modales correctos. Se lo había contado a su marido, pero él no podía entender cómo se sentía.

Muchas de las personas que han ganado la lotería invierten el dinero y viven solo de los intereses. No viven como los ricos. Otras malgastan sus ganancias, para volver más o menos a su condición original, y otras, finalmente, atraen a buitres que las estafarán.

Un invitado en un programa de televisión dijo:

> No hay nada peor que ser joven, guapo, rico y famoso, porque una vez que llegas a la cima, solo puedes bajar. Y a menudo es un descenso al infierno para muchas de estas jóvenes estrellas.

---

* El temblor esencial es un trastorno del sistema nervioso (neurológico) que causa movimientos involuntarios y rítmicos. Si bien puede afectar a prácticamente cualquier parte del cuerpo, el temblor se presenta con mayor frecuencia en las manos, especialmente al hacer tareas simples, como beber de un vaso o atarse los cordones.

Muchos jóvenes deportistas de origen modesto han experimentado esto. Después de obtener grandes contratos, algunos de ellos se encontraron arruinados cuando la gloria pasó, porque no habían aprendido a vivir con la riqueza. Habían adoptado un nivel de vida como si ese maná fuera a ser permanente.

Aquellos que han alcanzado la cima del éxito paso a paso han aprendido durante su ascenso a manejar el éxito y la abundancia.

Esto es probablemente lo que Henrik Wergeland quiso decir cuando escribió: «Si el viento del éxito sopla demasiado fuerte, reduce el velamen».

Buscar riqueza casándose con un hombre o una mujer ricos podría llevarnos a creer que podemos permitirnos cualquier cosa que nos apetezca. Sin embargo, aquellos que lo han experimentado se han sentido en una jaula y se han dado cuenta de que dejarse comprar no les aportó felicidad.

Otros buscan riqueza robando o defraudando, pero viven continuamente con el temor de ser denunciados. Tienen que aprender que la deshonestidad nunca trae paz mental. Todas estas experiencias, tanto para unos como para otros, forman parte de lo que todo el mundo necesita experimentar en su evolución, y es simplemente aprendiendo las lecciones como podremos acceder a la riqueza que conduce a la felicidad.

Algunas personas reaccionan cuando digo esto porque se trata de una gran verdad: cada uno obtiene lo que quiere, lo que cree que puede conseguir, y tiene el mérito que ha creado para sí mismo o lo que necesita para su evolución. Me objetan:

«No, no quiero enfermar».

«No, yo no quise perder mi empleo».

«No, yo no deseo estar preocupado continuamente por cuestiones económicas».

«No, yo no quería que mi pareja me abandonase».

«No, yo no quería que mi hijo naciese discapacitado».

Nadie quiere sufrir a menos que sean masoquistas. Sin embargo, todos tenemos lecciones que aprender en la vida, seamos o no conscientes de ello.

Cada vez que experimentamos una situación que consideramos injusta, adoptamos una actitud de víctimas y le otorgamos el papel de verdugo a la persona que consideramos responsable.

He aquí algunas frases que expresan esta actitud de víctimas:

- **No hice nada** para que me persiguiera así.
- **No merecía** este castigo, esta exclusión o este abandono.
- **Yo soy el que siempre lo hace todo,** él nunca hace nada.
- **Me culparon** de un error que no cometí.
- **Me gritó sin razón.**
- **Me ignoró.**
- **Me manipuló** para conseguir lo que quería de mí.
- **Se aprovechó de mí.**
- **Me destruyó.**
- **Me arruinó.**

Cuando tuve que declarar en bancarrota el centro de desarrollo personal que abrí en 1986, tenía dos opciones: hacer responsables de mi fracaso a los medios de comunicación que habían sembrado vientos de sospecha sobre los centros de crecimiento personal, o averiguar por qué necesitaba esa experiencia en mi evolución.

Cuando experimentamos situaciones dolorosas, no es fácil admitir que lo necesitábamos en nuestra evolución. A menudo, después de superar el fracaso y la dificultad podemos adoptar la perspectiva necesaria para descubrir lo que necesitábamos aprender de la situación por la que hemos pasado.

¿Qué necesitaba aprender yo de aquella situación en mi evolución?

Tuve que aprender a concederme el derecho a tener más que otros. Recuerdo que cuando abrí el centro pensé: «¡Tengo el centro de desarrollo personal más bonito de Montreal!». Mi inconsciente me llevó de vuelta a una conclusión que había sacado cuando todavía era una niña y me sentía una privilegiada en comparación con mi hermana: tener más que los demás = no es justo. Eso solo podía llevarme al autosabotaje.

También tuve que aprender a no poner todos mis huevos en la misma cesta. En mi deseo de que el centro fuese lo mejor de lo mejor, había invertido todo en su estética, de manera que me quedé sin reservas económicas para mantenerlo hasta que lograse una buena reputación entre el público.

Del mismo modo, necesitaba esa situación para aprender a manejar mi dinero. Había confiado en gente que pensé que era más competente que yo para manejar mis finanzas. Sin embargo, esas personas me llevaron a la quiebra.

Finalmente, tuve que aprender a ser justa conmigo misma. Trabajaba mucho para proporcionar un salario a mis empleados, pero a mí solo me reservé lo mínimo necesario para sobrevivir.

Al integrar todas estas lecciones, nunca más me encontré en una situación precaria con respecto al dinero. Me di el derecho de tener más que otros, aprendí a manejar mi dinero, ya no puse todos mis huevos en la misma cesta, y siempre tuve un salario mayor que mis empleados.

Una de las participantes en mis seminarios había sido mordida por un perro grande mientras paseaba a su perro pequeño. No entendía qué era lo que tenía que aprender de esa situación, hasta que me contó lo que experimentó de niña. Aunque su padre nunca le pegó, vivía aterrada por su ira. Ahora experimentaba el terror de salir a pasear con su perro. La situación había cambiado, pero ella seguía viviendo aterrorizada. No había visto la conexión. ¿Qué se supone que tenía que aprender? Dejar de temblar frente a quien la asustó y atreverse a enfrentarse a él. No con violencia, pero tampoco desde la sumisión. Tuvo que enfrentarse a su padre diciéndole con fuerza y coraje: «¡Cómo debes de sufrir para expresar tal violencia!». Pudo hacerlo visualizando a la niña que era. El perro sin duda había sentido su miedo y por eso la atacó de esa manera.

Y tú, ¿qué necesitas aprender de alguna situación difícil por la que has pasado o por la que estás pasando?

Nadine me preguntó sobre una situación recurrente que atravesaba en su vida. Recientemente, le habían robado un bonito bolso con todo su contenido, incluyendo sus documentos, tarjetas de crédito, llaves e incluso joyas que había llevado consigo. No entendía lo que tenía que aprender en su evolución en relación con esa situación.

Sabiendo que tenía dos hermanas, le pregunté:

–¿Podría ser que te sintieras culpable por tener más que tus hermanas?

–No, siempre han tenido más que yo. Yo siempre era la última, así que ellas eran las que siempre tenían vestidos nuevos, siempre usé su ropa. Solo recuerdo una ocasión en la que tuve algo nuevo. Fue a principios de invierno, mis padres me habían regalado un anorak morado muy bonito por el que habían pagado mucho dinero. Me lo robaron. Durante meses, mi madre me estuvo riñendo por no cuidar lo suficiente de mi anorak. Ya no me compró más ropa cara. Así que llegué a la conclusión de que cuando se tienen cosas de valor, nos las roban. Siempre buscaba ropa bonita pero la compraba a precio de oferta, porque si me la robaban, me consolaría diciéndome que no había pagado mucho por ella. El año pasado, hice una excepción a esta regla y me compré unas gafas de sol de diseño. Bueno, pues ¡me las robaron en la playa! Y el bolso tan bonito que me regalaron recientemente unos amigos por mi cumpleaños.

—Si volvemos a lo primero de lo que me hablaste, me dices que casi siempre te daban la ropa que usaban tus hermanas. ¿Podría ser que pensaras que no merecías ese bonito anorak?

—Tu pregunta me preocupa porque, de hecho, pensaba que yo era menos valiosa que mis hermanas a los ojos de mis padres.

—¿Podría ser que el pensamiento «no merezco un anorak tan bonito» llevara a que te lo robaran?

—No lo había pensado.

—¿Y ahora qué te parece?

—Veo el vínculo, pero ¿cómo puedo liberarme de eso?

—¿Qué te parece si vamos a buscar a la niña a la que le robaron su hermoso anorak? Te invito a que cierres los ojos, a que te relajes y te pongas de nuevo en la escena donde tu madre te regañó, porque te robaron el anorak. ¿Ves a esa niña?

—Sí, está triste, piensa que es estúpida por no prestar suficiente atención a su anorak.

—Ve con ella, consuélala. Dile que si sus padres le dieron la ropa de sus hermanas, no era porque fuera menos valiosa para ellos, sino para evitar tirar una ropa que estaba prácticamente nueva. Dile también que si sus padres le habían comprado ese precioso anorak tan caro, era precisamente para mostrarle lo valiosa que era para ellos.

—¿Crees que, si reconociera su valor, podría permitirse usar cosas caras y quedárselas?

—Sí. La mayor y la pequeña así lo han entendido.

Cuando tienes éxito, hay otros que sienten celos y quieren herirte

Una de las participantes en un seminario me dijo:

–No quiero ser rica y próspera porque si tengo éxito, atraeré celos y podrían hacerme daño.

–¿De dónde viene esta creencia de que si tienes éxito, los demás tendrán celos de ti y pueden hacerte daño?

–Me habían ascendido en el trabajo. Una de mis compañeras consideró injusto que yo fuera la que obtuviera ese puesto. Durante dos años, me hizo vivir un infierno, hasta tal punto que acabé despidiéndome.

–Antes de este suceso, ¿ya te habías enfrentado a los celos de los demás?

–Sí, con mi madre. Cuando mi padre era amable conmigo, mi madre solía decirme palabras hirientes.

–¿Podría ser que emocionalmente tu madre siguiese siendo una niña pequeña que quería ser la favorita?

–Sí, era una niña pequeña.

–¿Podría ser que, cuando era niña, tuviera la sensación de que siempre le tocaba ser la última, y eso es lo que estaba reviviendo contigo con respecto a tu padre?

–Recuerdo que me dijo que su hermano era el dios pequeño y que ella era la sierva. Ahora lo entiendo mejor. Me alejé de ella para que dejara de hacerme daño, pero no había visto su herida.

–¿Podría ser que atrajeras a una compañera de trabajo que tenía la misma herida que tu madre y que, al igual que hiciste con tu madre, te alejaste de ella para no dejar que te arruinara la vida?

–¡Nunca lo había pensado!

–¿Fue el hecho de tener éxito lo que te hizo crear esta situación o tuviste algo importante que aprender en tu evolución?

–Tenía algo que aprender, pero ¿qué?

–Si volvemos con tu madre, detrás de sus palabras hirientes, ¿cuál era su necesidad? ¿Podría ser la necesidad de sentirse considerada, amada por ti y por tu padre?

–Ahora lo veo.

–¿Qué habrías hecho si lo hubieras sabido?

–Le habría hecho saber lo importante que era para nosotros, en lugar de rechazarla.

–¿Crees que podrías haber actuado de la misma manera con los celos de tu compañera?

–Sí, creo que sí.

–¿Crees que te habría permitido disfrutar mejor de tu ascenso?

–Por supuesto que sí. Esto me anima a querer estar más cerca de mi madre.

–¿Todavía tienes miedo del éxito?

–Mucho menos.

Para tener éxito, hay que estar preparado para hacer frente a la envidia y los celos de otros, recordando que en realidad son solo la expresión de su admiración.

¿Podríamos simplemente sentir envidia o celos de una persona que tiene menos que nosotros?

No olvidemos que podemos atraer más celos de los demás si nos sentimos culpables de ser privilegiados en comparación con ellos o si tememos hacerlos sufrir porque nuestro estado es mejor que el suyo.

¿Por qué estás viviendo la situación económica por la que pasas?
¿Qué puedes aprender de esta situación?

Recuerda esto:

- Las creencias que mantienes producirán los frutos que comerás.
- Cada situación por la que has pasado o estás pasando la has atraído porque la necesitabas para integrar lecciones esenciales en tu evolución.
- Las críticas y los juicios atraen lo contrario de aquello a lo que aspiras.
- La vida es tu amiga.
- El amor es tu mejor protección.

Capítulo 5

Me reconcilio con la energía del dinero

No hay virtud en ser pobre.

Dr. Joseph Murphy

Una niña encuentra una piedra dorada que brilla al sol. Les dice a sus amiguitos que es oro y que un día será millonaria. Su abuela, al escucharla contar esta historia, la atrae hacia ella sin delicadeza, la sacude sin piedad y le dice: «¿Cómo puedes decir estas cosas? Eso es muy feo, deberías avergonzarte de ti misma».

¿Qué puede pensar esta niña acerca de lo que acaba de decirle su abuela? Es posible que concluya que no está bien desear la riqueza.

¿Y cuál fue tu experiencia con el dinero? ¿Qué influencia ha tenido esta experiencia en tu vida? ¿Qué conclusión has extraído?

Dinero = sin amor

Yo debía de tener cinco años. Estaba deseando que mi madre volviera a casa. Estaba sentada en la pequeña escalera frente a la parada del autobús. Cuando el autobús se detuvo y vi aparecer la figura de mi madre, corrí hacia ella. Fue entonces cuando abrió su monedero y me dio una moneda de cinco centavos, mientras continuaba su camino hacia casa. Me quedé allí con mi moneda en la mano sin saber qué pensar sobre ello ni qué hacer con ella. Fue mi primer contacto con el dinero, pero no fue realmente un placer, porque lo que necesitaba no eran cinco centavos. Fui a la tienda de al lado y me compré una bolsa pequeña de patatas fritas.

En ese momento no me di cuenta de que las patatas eran solo un consuelo y que, en mi cabecita de niña, iba a registrar en mi cerebro límbico la ecuación: dinero = no amor, y patatas fritas = consuelo. Necesitaba los brazos de mi madre, y lo que había recibido era dinero.

¿En qué me afectó aquello más tarde en mi vida? Siempre que estaba frustrada o triste, tenía un fuerte deseo de comer patatas fritas. Además, cuando la persona que amaba no estaba presente cuando yo lo necesitaba, pero me daba regalos, llegaba a la conclusión de que no me quería. Por ejemplo, mi primer marido me habría conseguido la luna si hubiese podido, pero pasé mi vida esperándolo, e incluso cuando estaba allí, no estaba disponible. Con él volví a encontrarme con lo que había vivido con mi madre. Estaba convencida de que no me amaba, igual que había creído durante años que mi madre no me quería.

Más tarde busqué al que me amaría como yo quería ser amada, es decir, que se tomara el tiempo para escucharme y compartir actividades conmigo.

Conocí a quien finalmente pudo satisfacer mis aspiraciones. Pero también quería darme lo mejor. Compró una bonita casa en la que pasé mi tiempo esperándolo, pues su trabajo lo acaparaba.

Tenía una bonita casa, dinero para comprarme todo lo que quería, pero me sentía terriblemente sola, lo que confirmó mi ecuación: dinero = sin amor.

Después experimenté la situación opuesta. Me enamoré de un hombre que no tenía dinero, pero que estaba disponible. En esa ocasión era yo la que trabajaba mucho, mientras que él no ganaba casi nada. Esta vez, tenía amor, pero no dinero. Sin embargo la situación no era mucho mejor, y eso nos hizo pasar por grandes dificultades en nuestra relación.

¿Era necesario elegir entre el dinero y el amor?

¿Podían conciliarse ambos?

Cuando vivía de forma acomodada, no estaba contenta, pero teniendo dificultades económicas, tampoco lo estaba, así que decidí reconciliarme con la energía del dinero.

Volví a ese recuerdo de cuando tenía cinco años. Encontré a esa niña que estaba allí con su moneda y le dije:

–¿Ves ese dinero que tienes en la mano? Es amor. Es el amor de tu madre por ti. Ella hace su trabajo para poder mantener a sus hijos. ¿Puedes percibir ese amor?

–Sí... Ahora puedo verlo. Pero eran sus brazos lo que yo quería, no su dinero.

–¿Se lo dijiste?

–¡No!

–¿Cómo podía ella saberlo?

–Es verdad.

–¿Por qué no se lo dices tú?

Me vi a mí misma yendo hacia mi madre y diciéndole: «Mamá, gracias por los cinco centavos, pero lo que me haría sentir aún mejor es que me abrazases». No dudó ni por un segundo y me abrazó contra ella.

Podemos tener dinero y amor, pero también debemos aprender a no confundir al amo con el siervo.

Si el dinero se convierte en nuestro amo, nos hará comprender que no trae la felicidad.

Dinero = tristeza

Maggy nació en Cabo Verde. Cuando tenía tres años, su madre se fue a París, tras confiarla a ella y a su hermana a los cuidados de su abuela. Esta les dijo que si su madre se había ido a París, era para ganar dinero y mantener a la familia.

Para Maggy, el dinero la había privado de su madre, así que concluyó que era una fuente de tristeza. Odia el dinero y muy a menudo dice: «Maldito dinero… Si pudiéramos prescindir de él…».

Lo que no entendía era que el dinero era solo un pretexto para que su madre se fuera. Su madre se había marchado porque soñaba con una vida distinta a la del ama de casa en una pequeña aldea de Cabo Verde. Es cierto que regularmente le enviaba dinero a su madre. Pero no fue la falta de dinero lo que le causó el sufrimiento, sino su apego a su madre. Necesitaba vivir esa experiencia en su encarnación actual para aprender a desapegarse. Maggy tenía una abuela que fue una verdadera madre para ella y su hermana. Si hubiera aceptado tener una madre en el extranjero que la amaba y una abuela que era muy atenta con ella, podría haber sido feliz, pero cuando comparó su situación con la de sus compañeros de clase, sintió una sensación de carencia que la entristeció, y responsabilizó al dinero por su desgracia.

No soy una Rothschild

Sophie me dijo que cuando expresó el deseo de hacer un viaje que les ofrecían a los estudiantes de su clase, su madre la disuadió diciendo: «¡No soy una Rothschild!».*

Le pregunté:

–¿Qué significaba eso para ti?

–Eso significaba: «Otros pueden, pero nosotros no».

–¿Cuál ha sido el impacto de esas palabras en tu vida?

–Bueno, aprendí a resignarme fácilmente, pensando que renunciar me salvaría del sufrimiento. Ahora me doy cuenta de que de hecho siempre he limitado la energía del dinero para demostrar que tenía razón. «Otros pueden, pero yo no puedo».

–¿Cómo pudiste cambiar esta creencia?

–Creo que ya era de mi madre y probablemente de mis abuelos, y es la que me arriesgo a transmitir a mis hijos si sigo resignándome.

–Voy a encontrarme con esta joven Sophie que se estaba resignando y voy a ayudarla a decirle a su madre: «Mamá, no necesitamos tener el dinero de los Rothschild para hacer este viaje. En la escuela, nos ofrecieron algunas actividades para recaudar algo y cubrir parte de los gastos del viaje, y si hablo con papá de ello, tal vez podría compensar la diferencia».

Su madre le respondió: «Si quieres, está bien...».

Después de este trabajo, Sophie comprendió que, para obtener algo que le apasionaba, solo tenía que buscar soluciones. Esto confirmó lo que yo le estaba enseñando: «Cada uno consigue lo que cree que puede conseguir».

* «Los Rothschild» son una dinastía europea de origen judeoalemán. Algunos de sus integrantes fundaron bancos e instituciones financieras a finales del siglo XVIII, y acabaron convirtiéndose, a partir del siglo XIX, en uno de los linajes más influyentes del mundo.

¡Solo los ricos saben que el dinero no trae la felicidad!

Un hombre rico, llamado Alex, vino a verme para una consulta. Inmediatamente me dijo: «¡Solo los ricos saben que el dinero no trae la felicidad!». Me contó que todo su dinero no le había hecho feliz. Su gran tristeza vino del hecho de que se sentía vacío por dentro. Me confesó que nunca había conocido a la mujer que pudiera haber hecho latir su corazón. Estaba casado y era padre de tres hermosos hijos. Solo podía decir cosas buenas de su esposa, pero no sobre el amor que hubiera querido sentir por ella. Había llegado a preguntarse si era capaz de amar.

Quise saber si alguna vez había tenido un sentimiento de amor hacia una mujer. Me dijo que cuando tenía veinticuatro años salía con una chica que procedía de un entorno más acomodado que el suyo. En ese momento, trabajaba como representante de una empresa farmacéutica. Aquella joven estaba terminando sus estudios de medicina y era hija de un brillante abogado y una madre burguesa. Sus padres consideraron que no era lo suficientemente bueno para su hija. La presionaron para que pusiera fin a esa relación, lo cual hizo para tener paz con sus padres. Ocho meses después, se casó con un hombre rico.

Alex pensó: «Si hubiera sido rico, habría podido casarme con la chica que amaba».

En su memoria emocional* se grabó: no tener dinero = ser rechazado, y tener dinero = ser amado.

Para evitar ser rechazado de nuevo, Alex deseó conseguir mucho dinero. Este deseo lo llevó a las personas y situaciones que le permitieron ganarlo.

Su riqueza atrajo a muchas mujeres hacia él. Sin embargo, no se dejó engañar, sabía muy bien qué era lo que atraía a esas mujeres.

* La memoria emocional pertenece a una zona del cerebro llamada sistema límbico.

Quería ser amado por sí mismo, no por su dinero. Cuando conoció a Jade, pensó: «Al menos no me amará por mi dinero». Jade provenía de una familia rica. Después de casarse con ella, se dio cuenta de que la apreciaba pero que no tenía los sentimientos que le hubiera gustado albergar por ella. Era una buena esposa, una buena madre, y lo apoyó en su camino hacia el éxito. Nunca la habría dejado, aunque buscara la felicidad en los brazos de otras mujeres. Con más de cincuenta y ocho años de edad, tuvo una sensación de fracaso en su vida, a pesar de la riqueza que había amasado. Estaba buscando un cambio, pero no sabía por dónde empezar. No era consciente de las ecuaciones que habían guiado su vida: dinero = amor, y amor = sufrimiento.

Así, había pasado gran parte de su vida deseando dinero para ser amado y había atraído a muchas mujeres que habían asegurado estar enamoradas de él, pero por las que él no sentía ningún amor. La ecuación amor = sufrimiento le impedía abrir su corazón, porque amar era arriesgarse a revivir el sufrimiento que había experimentado cuando aquella joven lo dejó.

Tuvo que transformar sus ecuaciones para entender que si el amor puede hacernos sufrir, es también el amor el que nos hace felices.

En un estado de relajación, lo ayudé a volver con el joven que fue para que pudiera darle la bienvenida a su sufrimiento y decirle que si se hubiera casado con esa chica, podría no haberse sentido bien en ese mundo, que no se trataba tanto de dinero, sino una forma de vida que era demasiado diferente y que tarde o temprano los habría acabando alejando. Eso es probablemente lo que los padres de la chica habían sentido y lo que los había llevado a presionar a su hija.

Finalmente pudo llorar aquel amor que había quedado inconcluso.

También lo ayudé a comprender que muy a menudo buscamos en otro lugar lo que tenemos justo al lado. Esto le permitió darse cuenta de que la mujer que tanto había buscado había estado a su lado durante muchos años, que siempre lo había amado en total libertad. Y, por primera vez, sintió latir su corazón por ella.

El amor ni se compra ni se vende

Estuve saliendo con un hombre cuyo amor trataba de ganarme a toda costa. Un día, me dijo: «Das demasiado». No lo entendí y pensé: «Si una persona hiciera lo mismo por mí, no se lo reprocharía, sino que, al contrario, lo apreciaría».

No veía que haciendo tanto estaba tratando de ganarme el corazón de esa persona por la que quería sentirme amada. En cierto modo, era como si quisiera comprar su amor. Actué así porque no me amaba lo suficiente como para creer que un hombre podría amarme. El amor ni se compra ni se vende. El amor solo se puede dar y compartir.

El amor es gratuito

El hecho de que el amor no se pueda comprar y solo se pueda dar o compartir, presupone que es gratuito. Eso no quiere decir que si haces un trabajo por amor, no deberías cobrar nada a cambio.

El trabajo es una cosa y el amor es otra.

Conocí a varias personas que tenían dificultades para recibir dinero por su trabajo de ayuda a otras. Como resultado, habían ofrecido el doble del tiempo asignado para el precio de una consulta. Con esto calmaban su conciencia al decirse a sí mismas que no lo hacían por el dinero.

Para ayudarlas, les hice la siguiente sugerencia: «La próxima vez que tengas que hacer una factura, puedes especificar el servicio prestado y su precio correspondiente, y debajo, aparte, añadir:

"Amor"... y anotar «gratuito» en el espacio correspondiente al precio. Y luego sumas el total. Por tanto, la persona solo paga por la consulta; el amor que pones en la ayuda que le das no se lo cobras».

Dos personas pueden hacer el mismo trabajo por el mismo salario. Una puede hacerlo con amor y la otra sin amor. La que pone su corazón en ello recibe además de su salario el placer que le produce un sentimiento de realización, mientras que la que lo hace solo por el dinero acabará encontrando que ese trabajo le pesa y puede sentir que no está avanzando en su vida.

Cuanto más nos guste lo que hagamos, más habilidades desarrollemos y más competentes seamos, más dispuestos estarán a pagar el precio de nuestros servicios.

Cuando sientes placer en lo que haces, no lo ves como un trabajo.

La gente que realmente ama lo que hace no piensa en la jubilación. Por supuesto, con la edad, pueden reducir el número de horas que le dedican, pero no planean dejar de hacerlo. Podemos pensar en hombres como su santidad el dalái lama, que, con más de ochenta años de edad, sigue impartiendo enseñanzas por todo el mundo, o Charles Aznavour, que siguió cantando hasta poco antes de su muerte, ya cumplidos los noventa y cuatro años, y otros ejemplos más... En cierta ocasión estaba hablando con mi hija, cuando me dijo: «Una se jubila del trabajo y no de su vida. Cuando nuestro trabajo es nuestra vida, no planeamos detenernos».

Y tú, ¿qué has escuchado decir a tu familia sobre el dinero?

Estos son algunos ejemplos de lo que he escuchado en el curso de mis seminarios:

El dinero no crece en los árboles.
Si no hay trabajo, no hay dinero.
En la vida, hay que trabajar duro para conseguir algo.
No tenemos nada por nada.
El dinero no cae de los árboles.
El dinero es difícil de ganar.
No te caerá del cielo.
Has de pasarlo mal antes de poder disfrutar.
En la vida, hay que hacer muchos sacrificios.
El dinero crea la felicidad de los ricos y la desgracia de los pobres.
Dinero, nunca tengo, siempre me falta.
Si no tengo dinero por adelantado, no me siento seguro.
El dinero es peligroso, quema en las manos.
Cuando tienes dinero, no tienes tiempo, y cuando tienes tiempo, no tienes dinero.
Solo el dinero ganado con esfuerzo tiene valor.
Te ganarás la vida con el sudor de tu frente.

Una vez incluso escuché: «El dinero es un engaño del diablo».

¿Cómo han influido en tu vida esas frases?

A menudo he oído a mi madre decir: «Tengo deudas, pero tengo una buena reputación, todos los comerciantes estarían dispuestos a fiarme».

Cuando escuché estas palabras, me sentí orgullosa de mi madre, feliz de que sea digna de confianza. En la treintena estaba endeudada, y me consolaba con estas palabras, hasta que me paré y me di cuenta de que no necesitaba tener deudas para gozar de buena reputación. En ese momento, convertí en prioridad librarme de las deudas que había acumulado.*

No podemos nadar y guardar la ropa

¿Alguna vez has oído esta frase? ¿Qué significa para ti?

Gianfranco ya no entendía nada de su vida. Durante años, había tenido un gran éxito financiero, pero se dio cuenta de que su trabajo no avivaba ninguna pasión en él ni le daba ningún motivo para superarse. Temiendo quedarse estancado, vendió sus acciones y se retiró de la empresa. Luego asistió a varios cursos de desarrollo personal en los que sintió que estaba realmente aprendiendo y avanzando en el camino de su evolución. Se formó en bioenergía. Se sentía perfectamente feliz en lo que estaba haciendo, y sin embargo cada vez tenía más dificultades para llegar a fin de mes.

Me decía:

> Antes no me gustaba mucho mi trabajo, lo hacía porque me permitía ganarme la vida, pero hoy, cuando amo profundamente lo que hago, ya no puedo llegar a fin de mes. Leí una frase muy bonita: «El trabajo sin alegría merece un salario escaso, el placer de trabajar siempre proporciona ingresos cómodos». Lamentablemente, no se aplica a mi situación y me gustaría entender por qué no funciona así para mí.

* La autora hablará más adelante en este libro de cómo librarse de las deudas.

Mi madre sin duda habría contestado: «Mi pobre amigo, en la vida no puedes tenerlo todo, no puedes nadar y guardar la ropa». Le pregunté si alguna vez había oído esa frase. «¡Muy a menudo!», me respondió.

En ese momento entendió por qué se hallaba en esa situación, porque si hubiera tenido el trabajo que amaba y el éxito económico, habría tenido la ropa y el baño a la vez. Se le había dicho tantas veces que no podía tener ambas cosas que creó situaciones que le dieran la razón a lo que tanto le habían repetido.

¿Cómo tener ambos? Amando los dos: la ropa y el baño, es decir, el trabajo y las personas por las que se realiza y el dinero que ganamos con él.

Gianfranco pensaba que tenía que elegir entre uno y otro.

Hay que diferenciar entre las necesidades y los caprichos

Mi padrastro no dejaba de repetirnos a mi hermana y a mí que necesitábamos saber distinguir entre las necesidades y los caprichos.

Una necesidad estaba justificada, un capricho no.

Así que, si necesitaba un par de zapatos, estaba justificado, pero un segundo par era un capricho.

Qué de dificultades he tenido que pasar para poder darme derecho a la abundancia...

Recuerdo cuando me trasladé a vivir con mi segunda pareja. Tenía un televisor que había pagado durante dos años. Él tenía uno más grande y nuevo que el mío. Tener dos televisores en casa habría sido un capricho y una injusticia hacia quienes no podían permitírselo, así que regalé mi televisor, y lo único que conseguí fue privarme de ver mis programas favoritos cuando él prefería ver un partido de *hockey*.

Me permití comprar ropa bonita para mi trabajo, porque se convirtió en una necesidad, pero cuando estaba en casa, solía usar mi ropa vieja.

A veces me ofrecía cosas a mí misma que la gente a mi alrededor no podía permitirse. Me las ofrecía pero no me daba permiso para disfrutarlas. Si alguien me hubiese dicho, por ejemplo, que tenía la suerte de tener una casa muy bonita, me habría apresurado a añadir: «Es cierto, pero casi nunca estoy allí, y cuando estoy allí, trabajo todo el tiempo».

Cualquier lujo era un capricho, así que no atraía el dinero que me hubiera permitido lo que realmente era un lujo para mí, como viajar en primera clase. Como me gustaba la ropa buena, buscaba las ofertas, para no tener que pagar el precio completo.

Necesitaba liberarme de ese condicionamiento para poder darme derecho a la abundancia.

En la visualización, me vi volviéndome hacia la chica de quince años que había sido. Le expliqué que cuando su padrastro decía: «Hay que diferenciar entre las necesidades y los caprichos», lo que quería decir era: «Tu madre y yo no ganamos mucho. Si necesitas algo, haremos todo lo posible para ofrecértelo, aunque sea privándonos, pero no nos pidas que nos privemos para satisfacer uno de tus caprichos».

La chica que había en mí entendió que no le iba a pedir a nadie que se privase para darle gusto a ella; podía permitirse cualquier cosa que quisiera, porque el placer es esencial para la salud y la felicidad.

La abundancia no es un capricho hasta que se desperdicia. El despilfarro, más que un capricho, es una forma de egoísmo. Si para nuestra propia satisfacción carecemos de respeto por los bienes y recursos a nuestra disposición, somos egoístas. Por ejemplo, comprar más comida de la que podemos comer para tirar el resto a la basura.

Hace poco leí que cada segundo se arrojan al mundo más de 41,2 kilos de alimentos. Esto representa un desperdicio de 1,3 millones de toneladas al año, lo que representa un tercio de la producción total de alimentos dedicada al consumo.

Y tú, ¿qué dices o qué piensas del dinero?

Les pedí a un grupo de participantes en un seminario que escribieran espontáneamente lo que les viniese a la mente, y ahora te invito a que lo hagas tú completando estas ecuaciones:

Dinero = ...

Sin dinero = ...

Mucho dinero = ...

¿Qué te viene a la mente?

Esto es lo que escribieron en mi grupo:

Dinero = tristeza
Dinero = conflicto
Dinero = superfluo
Dinero = humillación
Dinero = libertad
Dinero = sacrificios
Sin dinero = privación
Sin dinero = sin valor
Sin dinero = sin suerte
Sin dinero = sin poder
Mucho dinero = no es razonable
Mucho dinero = lujo
Mucho dinero = más posibilidades

Algunas personas lo han dicho de esta manera:

> El dinero se gasta con más rapidez de la que se gana.
> El dinero hace la felicidad de los que lo tienen y la desgracia de aquellos que no lo tienen.
> El dinero es como el agua, no se queda mucho tiempo en nuestras manos.
> En cuanto consigo un poco de dinero extra, se va en reparaciones y arreglos.
> El dinero es una fuente de conflictos.
> El dinero nos hace esclavos.
> Tengo dinero, y siempre lo tendré.
> El dinero es el origen de todos los males.
> ¡Es mejor ser pobre que perder la libertad por dinero!
> Siempre dispongo del dinero que necesito, pero nunca de más.

Si, para ti, dinero = libertad, también es cierto lo contrario: no hay dinero = nada de libertad.

Así que tu libertad estará condicionada por tener o no tener dinero. Al buscar la libertad a través del dinero, te conviertes en su esclavo. Puedes trabajar duro por dinero o buscar a alguien que tenga dinero con el que puedas contar. De cualquier manera, serás un esclavo.

Si, para ti, dinero = valor, sin dinero = sin valor, podrás intentar ganar mucho dinero para sentirte valioso, pero si un día te encuentras en el paro, puedes perder toda tu autoestima al mismo tiempo, lo que hará aún más difícil que encuentres un trabajo.

Durante mis seminarios, he oído a menudo que la gente me dice: «Siempre dispongo del dinero que necesito para mis necesidades, pero nunca de más». Cuando ganaban algo inesperado, inevitablemente lo utilizaban para pagar una reparación del coche o de un electrodoméstico.

Muchas veces me preguntaban: «¿Por qué tengo que vivir esto?», a lo que yo les preguntaba: «¿Podría ser que en algún momento de tu vida hayas llegado a la conclusión de que **dinero = conflicto**?».

Lo contrario también es cierto: **no hay dinero = no hay conflicto**.

Los padres de Julie-Anne estaban separados. Su abuelo materno le dijo una vez: «Cuando tus padres se casaron, tu padre tenía un franco y tu madre diez. No podía funcionar».

Julie-Anne pensó: «Si mi padre hubiera tenido diez francos como mi madre, podría haber funcionado entre ellos. Así que fue este problema de dinero lo que causó su separación y nos hizo sufrir». Decidió que no quería ningún dinero y que buscaría a un hombre que tampoco tuviera. Ella lo atrajo.

No tenían más dinero el uno que el otro, pero seguían experimentando conflictos por la falta de dinero.

Nunca se dio cuenta de lo mucho que había bloqueado la energía del dinero al responsabilizarlo de la separación de sus padres.

Para reconciliarse con la energía del dinero, tuvo que volver a recordar aquellas palabras de su abuelo: «Tu padre tenía un franco y tu madre diez». Lo que quiso decir fue: «Tus padres eran demasiado diferentes para que su relación funcionara».

No fue el dinero lo que causó su separación, sino unas diferencias demasiado grandes. Julie-Anne lo entendió, se liberó y se reconcilió con la energía del dinero.

¡Cuántas veces he visto a mi madre y a mi padrastro discutir por dinero!

Los domingos por la tarde, durante los largos meses de invierno, recibían amigos con los que jugaban a las cartas. Después de que los invitados se marchaban estallaban los conflictos: «Tenía un as y me cortaste». Sus reproches mutuos enmascaraban su frustración por haber perdido una cantidad significativa de dinero en el juego.

Pensé entonces: «El dinero es demasiado indigno para que nos peleemos por él».

Además, para evitar conflictos, prefería pagar y no decir nada, pero al mismo tiempo eso me creaba un sentimiento de injusticia que me suponía un conflicto.

¡Cuántas veces he tenido la sensación de que estaba trabajando más que los demás y que no era justo! A veces me sentía como si estuviera siendo explotada por aquellos que amaba, y fue esa sensación de injusticia lo que provocó el conflicto.

¿Qué tenía yo que aprender? Bueno, lo mismo que mi madre. Mi madre no se sentía cómoda jugando a las cartas con dinero, porque se arriesgaba a perder el salario que tanto le había costado ganar, pero por miedo a la reacción de su marido, se quedaba callada, y eso es lo que creó un conflicto.

Podría haberse afirmado diciendo: «Jos, me gusta mucho jugar a las cartas con tus amigos, pero no me siento cómoda arriesgándome a perder grandes sumas de dinero. Si quieres que juguemos con centavos, estaré encantada de unirme a vosotros. De lo contrario, prefiero abstenerme».

Eso se llama respetarse y hacerse respetar.

Yo también tenía miedo de perder mi relación, y esa era la razón por la que ignoré situaciones en las que no me encontraba a gusto. Tarde o temprano, esta incomodidad me crearía un conflicto.

Así que no era el dinero lo que estaba en juego, sino la falta de explicaciones, algo que me colocaba en situaciones ambiguas que me parecían injustas y en las que me sentía explotada.

Para liberarme de ello, tuve que cambiar mi visión del dinero. No, el dinero no era algo despreciable que no merecía que defendamos nuestros derechos. El dinero es una bendición que nos ofrece muchas posibilidades.

También solía decir: «El dinero es secundario». Y lo decía porque quería darle prioridad al amor. Hizo falta que viviese distintas experiencias desagradables antes de darme cuenta de que esa reacción no era favorable para mí. Como consideraba el dinero como algo secundario, no me tomaba el tiempo suficiente para evaluar lo que me ofrecían y lo que yo estaba ofreciendo. ¡Cuántas veces he querido cambiar de opinión porque me parecía que era demasiado avanzada o porque sentía que salía perdiendo entre lo que daba y lo que recibía, y eso era lo que me colocaba en situaciones de conflicto!

Al mantener esa creencia, no reclamaba lo que se me debía, sino que a menudo me veía obligada a perseguir a los que me debían dinero o me estafaban personas en las que había confiado.

Desde entonces, he dejado de decir que el dinero es secundario. Ahora, creo y digo que el dinero es tan importante como el amor, por diferentes razones. Al concederle más valor al dinero, aprendo a aclarar mejor mis intercambios con los demás, me tomo más tiempo para leer un contrato antes de firmarlo y ya no dudo en reclamar lo que se me debe. Como resultado, ya no me siento como una perdedora, y el dinero ya no es una fuente de conflicto.

¿Cómo se comportaron tus padres con el dinero y qué influencia tuvo en tu vida?

- «Mis padres discutían constantemente por dinero... Por lo tanto, yo no discuto, prefiero pagar».
- «Mi madre compraba muchas cosas a escondidas de mi padre, y cuando este se daba cuenta, se enfadaba demasiado... Así que prefiero vivir sola y no tener que rendir cuentas a nadie».
- «Mi madre miraba el precio en la etiqueta antes de meter un producto en la cesta de la compra... Así que ahora miro el precio de una caja de cereales, pero no miro el precio cuando voy a comprar un coche».

Silvia me dijo que sus padres tenían dos actitudes opuestas hacia el dinero. Su madre era la cuidadosa, la que trataba de ahorrar dinero. Su padre, que había tenido problemas con Hacienda, pensaba: «Cuando tengamos dinero, disfrutemos de él, porque el placer que habremos tenido nadie podrá quitárnoslo».

Silvia iba de un extremo al otro: o trabajaba y no gastaba casi nada o malgastaba en poco tiempo todo lo que había ahorrado durante meses. Sus amigos no podían entender cómo podía permitirse zapatos Christian Louboutin y al mismo tiempo decir: «No tengo nada de dinero en el banco».

Cuando dije: «Hay ricos que viven como pobres», Silvia me detuvo para añadir: «También hay gente pobre que vive como ricos».

Se consideraba pobre, pero vivía como si fuera rica. Buscaba el equilibrio.

A veces generoso, a veces mezquino por nimiedades

Laurence me confió:

—Mis padres calculaban cada centavo que gastaban. Yo no quería ser como ellos, así que nunca he hecho un presupuesto, y no apunto nada. Mi cónyuge anota el menor gasto que hace por los dos y me pide mi parte, mientras que yo a menudo pago por los dos sin apuntar nada. A veces lo encuentro algo tacaño, pero me doy cuenta de que yo, por mi parte, puedo ser muy generoso en ocasiones, y en otras, mezquino en cuanto a los detalles. En momentos como este, no me gusto a mí mismo, y es este aspecto de mí mismo el que me molesta cuando mi pareja calcula cada pequeño desembolso que hacemos en nuestros gastos comunes.

—¿Qué te lleva a actuar así? ¿Podría ser el miedo a la escasez?

—No, no tengo problemas económicos. Creo que es más mi necesidad de equidad. Por ejemplo, puedo encontrar injusto que mi pareja me haga compartir el precio de una botella de vino de la cual yo solo tomaré un trago y ella tomará el resto.

–¿Cómo podrías liberarte de este sentimiento de injusticia?

–No lo sé.

–Voy a contarte un pequeño secreto. El que da más es el que recibe más. ¿Qué posición prefieres?

–Lo entiendo. Ahora, cuando siento que estoy dando más, en lugar de pensar que es injusto, pienso que mis ingresos aumentarán, y lo hago gustosamente.

¿Qué tal si cambias tus ideas sobre el dinero?

El dinero es un medio de intercambio; es un símbolo de libertad, belleza, lujo, poder, refinamiento, una vida fructífera y alegre. El dinero puede ser visto como una idea divina que mantiene la salud económica de las naciones. Debe utilizarse sabia, juiciosa y constructivamente. Te protege de las preocupaciones financieras al impregnarte la mente con la idea de que el dinero no es solo bueno, sino muy bueno, y bendice a la humanidad de innumerables maneras.

Dr. Joseph Murphy

Una vez que entendemos esto, ya no rechazamos el dinero. Dejamos de considerarlo como el origen de todos nuestros males. Ya no decimos: «El dinero no es lo importante».

Por el contrario, lo apreciamos, lo bendecimos y agradecemos este maná divino que nos ofrece tantas posibilidades, tanto para nosotros mismos como para los demás.

No es el dinero lo que causa sufrimiento, sino que es la falta de dinero lo que lleva a la falta de honradez, la codicia, la avidez, la envidia, la competencia, las luchas territoriales, etc.

Los países que quieren mantener a su población en la ignorancia y la pobreza para dominarla mejor están sobreendeudados. Los que, por el contrario, promueven la prosperidad son los más ricos. Hay tanto dinero en este mundo como ignorancia. Pocas personas desean la abundancia porque creen que ya no serán sensibles a los pobres si no comparten su miseria. Creen que tener dinero puede hacerlos arrogantes, materialistas, mundanos, pretenciosos...

Es enriqueciéndome yo mismo como podré aportar más a los demás.

Capítulo 6

Me libero de mis juicios con respecto a las personas financieramente prósperas

Los verdaderos ricos son los que conocen el poder del pensamiento y que continúan impregnando sus pensamientos de abundancia y prosperidad en su subconsciente, y esto, a su vez, atrae las cosas que ellos imaginaron que se materializarían en su vida.

Dr. Joseph Murphy

Muchos prejuicios sobre personas económicamente acomodadas enmascaran una envidia que a menudo se niega. Alguien me dijo: «Prefiero tener ropa que me quede bien que todo un armario para impresionar a la galería». En estas palabras, yo entendí: «No quiero ser pretencioso». Y añadió: «Lo que quiero decir, es que prefiero usar ropa que me siente bien, en lugar de ponerme cualquier cosa con tal de estrenar cada día un modelo».

Lo cierto es que es muy posible que esta persona se minusvalore en relación con otras que puedan permitirse un guardarropa nuevo cada temporada, así que piensa: «No podría permitírmelo».

Una amiga me dijo que recientemente había empezado a salir con un hombre que la hacía sentir incómoda por vivir en la abundancia. Por ejemplo, le decía: «¿Por qué viajas en primera clase? ¿Qué necesitas demostrarte a ti misma?». Y respecto a su vivienda: «¿Por qué vives en un piso tan grande? ¡Estás sola, no necesitas tanto espacio!».

Detrás de estas reflexiones puede haber, más allá de la envidia, un sentimiento de injusticia: «No es justo que viajes en primera clase, cuando nosotros, tus amigos, no podemos permitirnos ese lujo». O: «No es justo que vivas en un piso tan grande estando sola, cuando hay familias que se apiñan en menos de cuarenta y cinco metros cuadrados».

Él, no queriendo ser injusto con los demás, no se concede a sí mismo derecho a la abundancia y juzga a los que sí lo hacen.

Para poder darse a sí mismo el derecho a la riqueza, hay que poder dárselo a los demás.

En algún momento, todos hemos envidiado a otra persona que nos parecía más bella, más inteligente o más afortunada que nosotros. Es un sentimiento humano. En la base de la envidia puede haber otros sentimientos, como el de desvalorización, la injusticia o el deseo de superarse a sí mismo.

Si envidio a la persona que vive en una bonita villa con hermosos jardines, es posible que mi envidia pueda coincidir con mi deseo de tener éxito para cambiar mi posición social o ser reconocida. Esta forma de deseo puede motivarme a superarme a mí misma.

Sin embargo, si este deseo es alimentado por un sentimiento de desvalorización, podría sentirme tentada a querer denigrar a la persona que tiene más que yo, para no sufrir de un complejo de inferioridad.

Así es como nacen los prejuicios contra personas a las que envidiamos.

¿Has sentido tú mismo envidia hacia alguien? ¿Por qué razón?
¿Alguna vez has emitido críticas sobre una o más personas que tenían más que tú o tu familia?
¿Qué es lo que tus padres solían decir sobre la gente rica?
Y a ti, ¿qué te parecen las personas que tienen mucho dinero? ¿Qué dices de ellas?
Es mejor ser pobre y estar sano que rico y enfermo.
Los ricos son arrogantes.
A los ricos les importan una mierda los demás.
Los ricos explotan a los pobres.
Los grandes se comen a los pequeños.
¡Los ricos son ladrones!
¡No somos ricos, pero somos honrados!
Si crees que los ricos son deshonestos y explotadores, ¿te gustaría ser rico?
No, porque no querrás ser como ellos, y vas a cerrar la puerta a la abundancia. Podrás abrirla transformando el entendimiento que dio origen a tu creencia.

Los ricos humillan a los pobres

La madre de Marie y Anna criaba sola a sus dos hijas con unos ingresos escasos. Marie y Anna tenían dos amigas que también eran hermanas. Sin ser ricas, vivían en una bonita casa. Una mañana de verano, cuando Marie y Anna acababan de unirse a ellas, la mayor tiró uno de sus zapatos desde la terraza al césped. Dirigiéndose a Marie, dijo con cierta superioridad: «Ve a buscarlo». La menor imitó a su hermana y le pidió a Anna que fuera a buscar su zapato. Anna inmediatamente lo hizo y se lo dio, lista para pasar a otro juego. Marie, en cambio, se sintió humillada por la petición de la mayor y respondió: «Tu zapato te lo vas a buscar a...». La amiga, ofendida, le dijo en el mismo tono: «Está bien, ya que te pones así, vete a tu casa».

Marie se fue pensando: «No quiero ser rica como esta gente. Los ricos humillan a los pobres». Los años pasaron. Marie dejó sus estudios para aceptar un trabajo de contable. Anna, por otro lado, asistió a la universidad y cursó la carrera de Derecho. Anna vivía tranquila, Marie con dificultades económicas. Anna era a menudo generosa con Marie. De alguna manera, se sentía culpable de tener una vida mejor que la de su hermana, y a menudo saboteaba sus posibilidades de éxito sin darse cuenta.

Anna tuvo la oportunidad de ir al extranjero y tuvo éxito.

De vez en cuando, pasaba unos días en casa de Marie y aprovechaba la oportunidad para darle regalos.

Marie tenía una actitud sobreprotectora hacia Anna. Al principio, esta lo veía solo como una expresión de su amor, pero a veces lo vivía como un control, y además no se sentía respetada por Marie.

Un día, una gota colmó el vaso casi lleno, y Anna se atrevió a decírselo.

Marie se lo tomó muy mal. Se sintió juzgada y humillada por lo que su hermana le había expresado. Se enfadó y Anna se encerró en sí misma y se fue. Se apartó de Marie para tratar de entender lo que había ocurrido.

Esa retrospectiva le permitió darse cuenta de que su generosidad había sido a menudo una forma de aliviarse de la culpa de tener más que Marie.

Anna se sentía mal por tener más dinero que su hermana, y Marie también se sentía mal por tener menos que Anna, pero ninguna de ellas había hablado nunca del tema.

Marie repetía a menudo que nunca había estado celosa de Anna y se felicitó por ello, pero no miraba muy dentro de ella cuando veía a su hermana con ropa que ella no podía permitirse.

Marie había olvidado el acontecimiento que había vivido al principio de su adolescencia. Anna lo recordaba, pero nunca había sido consciente de las repercusiones de ese suceso en sus respectivas vidas. De repente, se dio cuenta de por qué su hermana siempre había vivido modestamente. Comprendió que, para ella, la bonita propiedad de sus amigas había sido un factor motivador que le había alentado el deseo de vivir algún día en una casa hermosa, de viajar, de ir bien vestida, mientras que para Marie había sido lo contrario. Había rechazado la abundancia y a la gente rica. Para ella, ser rica significaba humillar a los pobres, ejercer influencia sobre los que tienen menos.

La amiga que le tiró el zapato no quiso, ni siquiera lo pensó, humillarla; probablemente quería hacer de princesa y, para ello, había adoptado el papel de mandona.

Lo que nos molesta en los demás es a menudo una característica de nosotros mismos que no queremos ver. Marie también era una mandona, pero no lo veía.

Además, Marie no sabía que sus amigas, aunque vivieran en aquella casa, no eran ricas. Sus juguetes, su equipamiento deportivo, su bonita habitación y su ropa eran de sus primas, que eran más ricas que ellas.

La amiga que expresó su desdén por Marie se sentía ella misma inferior a sus primas.

Solo es pretencioso el que duda de su valor.

A menudo he escuchado a gente que me dice que a veces les sorprendió la sencillez de una persona rica: «No me esperaba que ese famoso pudiera ser tan sencillo», me confesaban.

Cuando alguien adinerado habla de su jardinero o de su chófer, está simplemente hablando de su vida cotidiana. La persona que lo juzga pretencioso es a menudo la que se siente inferior a él.

La verdadera riqueza de una persona no puede medirse por sus posesiones materiales, ya que es interior. Pero una no excluye a la otra.

Los ricos son malos

Vania se siente muy cercana a su madre, que odia a su suegra. Está aliada con su madre contra su abuela. Esta mujer, sin agobios económicos, le da dinero a su padre continuamente. Esto siempre crea conflictos entre sus padres, porque su madre no quiere sentirse en deuda con esta mujer y su padre no sabe cómo decirle que no a su madre.

Para Vania, su abuela es mala. Humilla a su madre y también le crea problemas en su relación. Vania concluye que no quiere ser nunca rica, porque para ella, los ricos son malos.

Le pregunté:

–¿Qué impacto tuvo ese juicio de valor sobre tu abuela en tu vida?

–Es cierto que tan pronto como me doy cuenta de que me sobra algo de dinero, me apresuro a dárselo a alguien. Además, a menudo digo que no soy rica, pero que estoy contenta de ayudar a los demás.

Vania no había entendido que su abuela dependía de sus hijos. Tenía miedo de perder a su hijo, y probablemente por eso estaba haciendo todo lo posible para que él dependiera de ella. Esto horrorizaba a su madre, que percibía la influencia de su suegra en su marido.

¿Estaban compitiendo esas dos mujeres por el mismo hombre?

Vania lo comprendió y me dijo:

–Mi madre no solo competía con mi abuela, además competía con mi padre por nosotros. Nos incitó a que uniésemos fuerzas con ella contra nuestro padre también. Cuando era niña, no me daba cuenta; pero ahora sí que lo veo.

Vania achacó la responsabilidad a cada uno de sus padres. El problema no era solo que su abuela fuese rica: mucha gente con pocos recursos actúa de la misma manera con sus hijos para asegurarse de que no los perderán. Al hacerlo, estas personas están convencidas de que quieren a sus hijos. No ven su egoísmo, que las lleva a dejar que sus hijos crean que no serán capaces de conseguirlo sin ellas.

¿Qué es lo mezquino, ser rico o poner a quien amas en una jaula para asegurarte de no perderlo?

Una jaula, aunque sea de oro, sigue siendo una jaula.

La gente rica no es feliz

Noémie pasó sus vacaciones junto al mar. Sus padres habían heredado la casa familiar. Era una pequeña vivienda que contrastaba con las lujosas residencias que se habían construido años después de que sus abuelos se hubieran instalado en ese lugar.

Su madre nunca dejó de darles noticias de los ricos propietarios de esas residencias. Uno había dejado a su mujer, el otro estaba enfermo... El mensaje implícito en sus palabras era: «Esta gente puede ser más afortunada que nosotros, pero no son felices».

Para Noémie, no se podía vivir en la abundancia y ser feliz. Así que ella no quería abundancia y cada vez que se encontraba cómoda materialmente, vivía situaciones de sufrimiento que la llevaron a marcharse; esto le daba la razón a su creencia de que no se puede ser rico y feliz a la vez.

Para librarse de eso, tuvo que encontrar a la niña que fue para decirle que hay tantas personas enfermas o que viven separaciones entre los menos afortunados, que no es el hecho de tener o no tener dinero lo que hace que un hombre deje a su esposa o a su familia, o que una persona padezca cáncer. También necesitaba darle ejemplos de personas exitosas y felices a su hija pequeña, para que pudiera cambiar la creencia que la condujo a sabotear sus posibilidades de éxito.

Los ricos son tacaños

De adolescente, fabricaba cruces pequeñas, broches y gemelos con pedacitos de cerámica y luego los vendía; eso me reportaba el dinero suficiente para mis pequeños gastos. Mi madre ya trabajaba mucho para mantener a la familia, no quería pedirle más.

Mis amigos me advirtieron: «Sobre todo, no vayas a la calle Girouard». Esa calle era la que tenía las casas más bonitas. Significaba: «Los ricos no te compran nada». No les hice caso, y seguí yendo. Es cierto que poca gente me compró mis baratijas, pero no era por tacañería, sino porque usaban joyas de oro en su lugar. Algunos de ellos me las compraban y a veces me pagaban más de lo que pedía. A menudo juzgamos a los ricos porque no los entendemos.

Yo misma juzgué a uno de mis tíos, hermano de mi madre. Cada vez que lo veía en casa de mis abuelos, no sabía cómo acercarme a él. Cada año, estaba orgulloso de mostrarnos su nuevo coche de lujo. Pensé que era pretencioso. Mi madre solía usar el transporte público. Mi juicio de valor procedía más de mi incomodidad estando con él que de su comportamiento.

Ese juicio de valor me creaba un sentimiento contradictorio. Por un lado, quería tener cosas bonitas, pero cuando logré un coche de lujo, ropa buena o una hermosa casa, tuve miedo de que los demás pensaran que era pretenciosa, y eso me impedía disfrutarlo plenamente.

Años después, me encontré en una situación similar a la de mi tío.

Mi tía me veía todas las semanas en la televisión. En una ocasión, cuando estaba en la República Dominicana, me llamó y cuando las invité a ella y a su amiga a almorzar en casa, me confesó su asombro ante mi sencillez: «Me doy cuenta de que yo era la que te veía diferente de lo que realmente eres. Pensé que ya no eras accesible».

Así es como me sentía con mi tío. Creí que porque era rico, era inaccesible.

La pretenciosidad que le atribuí enmascaraba mi complejo de inferioridad, así que tuve que trabajar en ese sentimiento, en lugar de darle una connotación negativa a su estatus.

A lo largo de los años, me di cuenta de que en realidad era muy generoso. Continuamente ayudó a su familia y mantuvo a sus padres en un nivel de vida muy cómodo. Mi abuela tenía una asistenta a tiempo completo y nunca tuvo problemas económicos.

La gente rica es generalmente muy generosa

La historia está llena de ejemplos de ricos benefactores que han contribuido al desarrollo de la música, el deporte, la ciencia y la cultura. Les debemos nuestras universidades, academias, instituciones culturales y artísticas, hospitales...

Piensa en nuestras iglesias, algunas de las cuales están llenas de obras de arte. Todas estas obras maestras provienen de personas muy ricas que tuvieron la amabilidad de compartir la belleza de sus lujosos hogares con los menos ricos para que estos también se beneficiaran de esa belleza para recogerse, rezar, meditar o simplemente contemplar.

El multimillonario y filántropo Andrew Carnegie, por ejemplo, donó más de trescientos cincuenta millones de euros a diversas fundaciones y, a su muerte, los treinta millones de euros que constituían el resto de su fortuna fueron legados a varias organizaciones benéficas.

El pastor Richard D. Warren, fundador de la Iglesia Saddleback en Lake Forest (California), maneja una fortuna de veinticinco millones de euros. Su principio es vivir con el diez por ciento de sus activos y redistribuir el noventa por ciento restante.

Casi todas las personas ricas tienen una o más fundaciones que ayudan a los jóvenes, a los enfermos y a sus familias, a los pobres...

Por supuesto, en ese estrato social puede haber gente tacaña, avara, deshonesta, especuladores y manipuladores, pero también los hay en ambientes modestos o pobres.

Lo que adquirimos a través del engaño o la falta de honradez, tarde o temprano lo perdemos. Solo la riqueza conseguida gracias a la generosidad sigue creciendo.

La honradez es el cemento del éxito.

La envidia de las posesiones de los demás atestigua la insatisfacción que sentimos con lo que tenemos o con lo que somos. Cultivando la envidia o los celos, no conseguiremos lo que queremos e incluso perderemos lo que ya tenemos, para entender mejor la importancia de apreciar lo que la vida nos da. La mejor manera de conseguir lo que vemos en los demás es reconocer el deseo que despierta en nosotros, sin juzgar ese deseo, sino simplemente aceptándolo para que se transforme en motivación, y al mismo tiempo regocijándonos por el otro y deseándole aún más éxito o felicidad.

Si, por ejemplo, estamos solteros y nos gustaría encontrar un ser con el que podamos vivir una hermosa relación, se trata de regocijarse en la felicidad de las parejas felices y desearles que su amor crezca continuamente. Si ya no nos gusta nuestro empleo, en lugar de envidiar a la persona que hace el trabajo que desearíamos hacer nosotros, es preferible apreciar el nuestro. Dando en este trabajo lo mejor de nosotros mismos y agradeciendo todo lo que nos permite aprender, conseguiremos dar con otro más motivador, mejor pagado y más gratificante.

Una mujer que asistió a una de mis conferencias me contó lo que había experimentado después de nuestra reunión. Durante meses, había estado melancólica y desempleada, y su pareja la había dejado por una de sus amigas. Se consideraba muy desafortunada. Cuando me vio en la conferencia, confesó haber sentido envidia, pero aun así encontró la fuerza para desearme más éxito y felicidad. Al día siguiente, visitó a su ex, que vivía con su antigua amiga. Dirigiéndose a ellos, les confió: «Os he odiado mucho a los dos. Me sentí traicionada por ambos, pero ahora quiero deciros que ya no os culpo y os deseo sinceramente todo lo mejor para que seáis felices juntos».

Al cabo de pocos días, le ofrecieron un trabajo que le gustaba y al poco tiempo conoció a la persona con la que se casó años después.

Al desear lo mejor a los demás, también nos acaba llegando a nosotros

Así que aprende a regocijarte en el éxito y la prosperidad de los demás para atraerlos hacia ti. Reza para que la riqueza material, intelectual y espiritual inunde nuestro mundo y llene los corazones de los hombres de nobles intenciones.

No temas cuando el hombre se haga rico,
cuando la gloria de su casa aumente.

Salmos, 49: 17

Segunda parte

Activo la energía de la abundancia

Capítulo 7

Desarrollo una actitud positiva

Tu actitud es lo que determinará tu altitud.

Jesse Jackson

¿Cuál es tu actitud?

El optimista piensa: «No sé cómo, pero lo voy a conseguir. Si otros lo han logrado, yo también puedo hacerlo. Las cosas se hacen haciéndolas».

El derrotista piensa: «¿Qué sentido tiene? No funcionará. Lo intenté y no funcionó. Funciona para otros, pero no para mí. No puedo hacerlo, no funcionará».

El pesimista piensa: «No hay nada que esperar de… No va a mejorar. Cuando se nace pobre… Nunca he tenido una oportunidad en la vida».

El soñador piensa: «Un día será diferente. Un día, lo conseguiré».

El pragmático piensa: «¿Cómo podría conseguir lo que quiero con los medios a mi alcance?».

¿En cuál te reconoces a ti mismo?

Por supuesto, algunos días, o dependiendo de la situación, podemos ser optimistas, derrotistas, pesimistas, soñadores o pragmáticos.

Lo importante es reconocer nuestra actitud para que podamos corregirla si no nos es favorable.

Más de una vez, he tenido una actitud derrotista hacia un proyecto que me apasionaba. Pero cuando me ha ocurrido, lo he aceptado pensando que el sol siempre regresa después de la lluvia.

Luego, dependiendo del contexto, diría frases como: «No sé cuándo, ni cómo, pero sé que va a mejorar», «Sé que lo conseguiré», «Sé que saldré de esta», «Sé que lo lograré o que me curaré».

Esa actitud optimista me fue favorable y me reportó grandes oportunidades de éxito. Sin embargo, emocionalmente, no entendía por qué tenía tantas dificultades para vivir una relación armoniosa a pesar de todos los esfuerzos que estaba haciendo.

Para entenderlo, necesitaba alejarme de lo que había experimentado en mis relaciones de pareja. Tomar distancia me permitió reconocer a la soñadora que era emocionalmente. Percibía esa actitud en otras personas, pero no en mí.

En casa, percibía al idealista.

A menudo se culpa a los idealistas de vivir en el mundo de los osos amorosos,* porque los idealistas sueñan con un mundo de paz y amor. Aspiran a vivir una relación de pareja ideal, buscan al maestro ideal o al grupo ideal... En su búsqueda del ideal, se encuentran muy a menudo decepcionados por la gente a la que habían idealizado. Esto puede hacernos comprender el amor y el compromiso de los cristianos por Jesús. Un Jesús muerto solo puede ser perfecto. No puede decepcionar a nadie.

* Los osos amorosos son una línea de juguetes norteamericanos popularizados en la década de 1980. En sentido figurado, *oso amoroso* hace referencia a una persona que es demasiado amable, que cree que el amor puede superar a la violencia y el odio.

Yo era una osa amorosa. Buscaba al hombre ideal, con el que viviría la relación ideal, pero ninguno de mis compañeros se ajustaba a mis criterios de hombre ideal. Así que, cuando me decepcionaba el hombre que estaba a mi lado, volvía a soñar con ese hombre ideal que conocería algún día.

Después de varias relaciones de pareja decepcionantes, llegué a la conclusión de que, si profesionalmente había tenido éxito, emocionalmente era el fracaso más completo.

En el cuento de los hermanos Grimm *El príncipe rana*, se dice: «La princesa besa al sapo, y este se convierte en príncipe». En mi caso, fue todo lo contrario. El que yo creía que era un príncipe se convertía rápidamente en un sapo. Así que quería transformarlo para que se convirtiera en el príncipe que buscaba, pero desafortunadamente ya no lo era. ¡Cuanto más quería convertirlo en príncipe, más sapo se volvía!

Su resistencia expresaba: «Deja de intentar cambiarme, acéptame como soy». Y como atraemos a la gente que se parece a nosotros, ellos también querían cambiarme, ya que me consideraban demasiado controladora, demasiado cambiante, nunca satisfecha, etc.

Un anuncio en un sitio de citas dice: «Si no te gustan sus imperfecciones, habrá alguien más a quien le gustarán...». Eso es lo que sucedió con mi último compañero: otra apreció sus imperfecciones, y me encontré sola.

Aquella experiencia me dio la oportunidad de revisar mis relaciones de pareja. Tenía mucho que entender, pero sobre todo tenía que reconocer a la soñadora en mí que, a fuerza de soñar sobre la relación de pareja ideal, se había perdido una vida de pareja exitosa.

Rezaba para que mi compañero volviera y continuara para alimentar mi amor por él. Regresó después de dos años de separación. Mientras tanto entendí lo que los hermanos Grimm no habían escrito en su cuento. En *El príncipe rana*, recordamos el aspecto mágico: la princesa besa al sapo y este se transforma en príncipe. Lo que el cuento no explica es lo que hizo posible que el sapo se convirtiese en príncipe. La historia no nos dice que el sapo se había convertido en amigo de la princesa, que esta le contaba todo, que él estaba allí cuando ella quería verlo, pero no se ofendía cuando necesitaba estar sola. Sintiéndose libre y bien, ella amó al sapo cada vez más y este amor fue lo que hizo que se convirtiera en príncipe.

Lo sé por experiencia propia. Renunciando a buscar al príncipe azul, amé al hombre que tenía a mi lado con sus imperfecciones y lo vi transformarse y convertirse en mi príncipe.

La soñadora que hay en mí unió fuerzas con la pragmática.

Ya no le pido al hombre que está a mi lado que sea perfecto, ya no me pido a mí misma ser perfecta, y aprecio cada momento que estamos juntos. Aprecio todo lo que él hace por mí, y eso le da las alas para hacer todavía más para verme feliz. Ahora vivo en una relación en la que estoy bien, y por eso soy tan feliz, y eso me llena de energía para llevar a cabo proyectos que me apasionan. Finalmente tengo una sensación de éxito en mi vida emocional.

Lo ideal es una cumbre a la que tendemos. Si solo sueñas, te arriesgas a quedar decepcionado, hasta el punto de dejar de creer y volverte pesimista.

La mejor manera de hacer realidad tus sueños es despertar.

Paul Valéry

Todos los que hicieron avanzar al mundo fueron soñadores... pero soñadores que pasaron a la acción.

Mantener una actitud optimista

Una actitud optimista nos abre las puertas del éxito, mientras que una actitud pesimista o derrotista nos las cierra.

Una actitud optimista nos da energía, mientras que una actitud derrotista o pesimista nos la quita.

Podemos ser optimistas frente a una situación y derrotistas frente a otra. No es infrecuente que los grandes empresarios que son muy exitosos en sus negocios se hundan ante un diagnóstico desfavorable.

Siempre es la gente positiva la que gana.

Ingvar Kamprad

La actitud de un perdedor

Un hombre iba conduciendo por una carretera rural cubierta de nieve cuando, de repente, el coche patinó y se quedó atascado en una zanja. Necesitaba una pala para sacar su coche de allí. Vio una luz a unos cien metros y caminó hacia ella. Mientras andaba, pensó: «Si un extraño viniera a pedirme prestada una pala, ¿se la prestaría? Tal vez se escapase con ella...». Fue dándole vueltas a ese pensamiento hasta que llegó a la casa que había visto. Llamó a la puerta. Un hombre abrió. Antes de que hubiera tenido tiempo de preguntarle qué quería, le dijo: «¡Vaya, puedes guardarte tu pala!».

Convencido de que el otro lo rechazaría, ya estaba actuando como si lo hubiera rechazado.

Una amiga pintora me dijo que le gustaría poder vivir en el Caribe.

–¿Qué te lo impide? –le pregunté–. Podrías pintar en una isla y ofrecer tus cuadros a una galería de arte que venda pinturas.

Ella me paró los pies:

–Las galerías de arte nos quitan el cuarenta por ciento del valor de nuestros cuadros. ¡No pienso ofrecerles una de mis pinturas!

Su actitud no era la de una ganadora, porque una galería de arte podía conseguirle un precio mucho mejor por sus pinturas, por no hablar de las oportunidades que le podía ofrecer. Quién sabe, tal vez un experto de paso podría ofrecerle la oportunidad de formar parte de una gran inauguración. Pero por su miedo a tener que dar el cuarenta por ciento, cerró la puerta a la abundancia.

¿Cuánta gente está buscando una excusa para no tener éxito incluso antes de intentarlo? Puede ser el estudiante que tiene miedo de suspender el examen y espera hasta el último minuto para estudiar: así ya tiene la excusa preparada. Si no tuvo éxito, fue porque no había estudiado lo suficiente.

Un perdedor se prepara para perder. Desde el principio, piensa: «Si no funciona... Si no tengo éxito... Si no lo consigo..., siempre puedo...».

Una pareja participaba en un concurso televisado en el que podían ganar varios premios. Uno hacia preguntas que el otro tenía que responder. El marido había respondido brillantemente a los dos primeros juegos. Luego le tocó contestar a la esposa. Antes de empezar, se dirigió a su marido de manera patética, diciendo: «No te enfadarás demasiado conmigo si fracaso, ¿verdad?». Se había preparado para fracasar... y fracasó.

Una actitud ganadora

Un ganador no se deja detener por las dificultades o por un fracaso; por el contrario, los ve como un reto que hay que afrontar.

Si se cae, se levanta con mayor determinación.

Un ganador no pierde el tiempo queriendo vengarse de los que lo traicionaron, porque sabe que la mayor venganza es el éxito.

Un ganador se prepara para la victoria y no considera más alternativas que el éxito.

Podemos elegir nuestra actitud

Dos hombres comparecen ante el tribunal para recibir un veredicto sobre la pensión alimenticia que tendrán que pagar a sus respectivas exesposas.

El primero tiene que pagar trescientos cincuenta euros al mes, y reacciona pensando: «Si cree que voy a trabajar para mantenerla, se equivoca». Este hombre deja su trabajo para que no le descuenten esa suma de su sueldo. Vive haciendo trabajitos aquí y allá, no declarados.

El otro se entera de que tendrá que pagar quinientos euros al mes. Piensa: «Esto significa que tendré que duplicar mis ingresos».

El primero se está empobreciendo. El segundo se está haciendo más rico. ¿Cuál tenía una actitud ganadora?

Las influencias de otros en nuestro condicionamiento mental

Para demostrar cómo la actitud y los resultados van de la mano, un instructor ofreció la siguiente experiencia a sus estudiantes:

Dos jugadores fueron invitados a tirar los dados con los ojos vendados. Al primero se le dijo: «Es tu día, estás de suerte... Tres seises». Y vuelta a empezar: «¡Vaya! Tres seises más, sí...». Y otra vez: «Dos seises y un cinco. Fabuloso».

Con el otro, se hizo lo contrario. Se le decía: «Ah, hoy no es tu día... Un tres y dos doses», «Vuelve a empezar...», «¡Ah, no! Esto no funciona, dos unos y un dos». Y se volvía a insistir: «Vaya, vas de mal en peor. Tres unos esta vez». Y se siguió en ese sentido con cada uno.

Luego se les quitó la venda de los ojos. Al que se le dijo que era su día de suerte ganó todas las tiradas; el otro solo obtuvo malos resultados.

Eso es lo que nuestros padres y maestros han hecho con nosotros a través de las palabras que nos han dicho.

Esto es también lo que hacemos a veces con nuestros hijos o con nuestros empleados sin darnos cuenta.

Aquellos que ven a sus hijos como campeones los ayudan a creer en ellos mismos para que se conviertan en tales. Podemos pensar en Tiger Woods, Novak Djokovic o Céline Dion. Todas estas personas tienen en común que en su infancia tuvieron gente que creyó en su potencial, lo que les permitió creer a ellos también.

Si queremos mantener nuestro optimismo, es mejor mantenerse alejado de la gente que puede tener una influencia negativa en nosotros.

¿Alguna vez te han dicho este tipo de frases?

«Nunca tendrás éxito».

«Nunca podrás mantener a una mujer a tu lado».

«Ningún hombre te querrá jamás».

«No te casarás nunca».

«Siempre construyes castillos en el aire».

«Nunca funciona nada de lo que haces».

«¿Quién te crees que eres?».

«Pero ¿qué te has creído?».

¿Cuáles son las implicaciones de estas frases en tu vida?

Mira me contó que cuando era niña, su padre la denigraba repitiéndole continuamente que era una mediocre y llamaba idiota a su hermana. Todos los esfuerzos que hacía para conseguir un pequeño reconocimiento por su parte acababan en una crítica.

A los dieciocho años, conoció a un brillante estudiante de medicina. Salió con él durante un año sin contárselo a sus padres. Un día, el chico expresó el deseo de casarse con ella, lo que la llevó a hablar de él con su familia. Su padre, que conocía a la familia del joven, le dijo: «¡Pero ese chico vale muchísimo!». Mira comprendió: «Este joven es demasiado bueno para ti». De repente tuvo miedo de no estar a la altura y temió que un día la dejara por una mujer mejor que ella. Acosada por ese miedo, encontró una razón para romper con él a pesar de que lo amaba profundamente. Luego se dedicó a sus estudios y creó con su hermana una empresa que se expandió.

Más adelante conoció a un hombre que buscaba continuamente satisfacer sus deseos y cuya mayor aspiración era casarse con ella. Ella estuvo de acuerdo, pero pronto descubrió que el hombre estaba endeudado. Mira lo ayudó y se encontró asumiendo todas las responsabilidades de su relación, mientras él solo pensaba en divertirse. Ella lo vivió como un abuso de su parte y se divorció. No haber tenido éxito en su relación le produjo un sentimiento de mediocridad, incluso aunque hubiera desarrollado una empresa de éxito internacional.

A menudo esperamos el reconocimiento de personas que nunca se han reconocido a sí mismas.

Un hombre le presentó a su padre a la mujer con la que salía. Era una actriz muy conocida y el padre la había visto en televisión. Cuando estuvieron a solas, el padre le dijo al hijo: «¿Quién te crees que eres para salir con una mujer así?». El hijo oyó estas palabras:

«No eres nada comparado con ella». Se sintió devaluado por su padre. Enfadado, pensó: «Siempre me has denigrado. Nunca has creído en mí. Pero esta vez, no dejaré que tus juicios me detengan». El hijo se alejó de su padre y se casó con aquella mujer. Una vez casado, a veces se burlaba de su esposa por sus debilidades o usaba el humor para resaltar sus pequeños defectos frente a sus amigos.

A veces le hacía comentarios que la llevaban a dudar de sí misma. Esto creaba malestar y conducía a más y más malentendidos entre ellos. La esposa se sentía desestabilizada por sus palabras, sin saber si debía creer en lo que oía. Cada vez que necesitaba su apoyo, él la criticaba. Con el tiempo, la relación se volvió insoportable para ella y la terminó. Libre de toda duda sobre su valor, esta mujer siguió desarrollándose mientras él se hundía en el alcoholismo.

¿Qué sucedió? Las palabras de su padre todavía estaban en su interior sin que él se diera cuenta. Para evitar sentirse inferior, continuamente trataba de denigrar o cuestionar a aquella a quien admiraba. Cuando ella lo dejó, lo experimentó como un fracaso y quiso destruirse a sí mismo.

Para salir de la situación, tuvo que volver a las palabras de su padre: «¿Quién te crees que eres para salir con una mujer así?». Su padre había proyectado en él su propio sentido de inferioridad. Con su asombro, quería decir: «¡Nunca me hubiera atrevido a ir con una mujer así!». A menudo otros proyectan en nosotros lo que no pueden admitir sobre sí mismos.

Es nuestra necesidad de reconocimiento lo que le da al otro el poder de hacernos dudar de nosotros mismos.

¿Cómo liberarse de esas palabras que te llevaron a dudar de ti mismo?

A veces otros nos dicen palabras que pueden plantearnos dudas sobre nuestro valor, pero la elección de la interpretación de esas palabras nos pertenece. Para liberarnos, tendremos que encontrar el contexto en el que se pronunciaron a fin de poder entender el verdadero mensaje.

Un padre le dijo a su hijo: «Nunca tendrás a ninguna mujer, todas te dejarán». De adulto, el hijo encontraba muchas dificultades en sus relaciones emocionales. Aunque no quería admitirlo, las palabras de su padre seguían persiguiéndolo.

A medida que identificaba el contexto, fue recordando la ira violenta que solía tener cuando se sentía obligado a hacer cosas que no quería.

Las palabras de su padre significaban: «Si no aprendes a lidiar con tu ira, hijo mío, vas a herir a la mujer que te ame, y todas te van a dejar».

De adolescente, mi hermana y yo solíamos divertirnos contando las travesuras que les hacíamos a nuestros profesores. Un día, mi padrastro, exasperado por nuestra falta de seriedad, nos lanzó: «Sois unas perdedoras, nunca haréis nada de provecho en la vida».

Herida por sus palabras, pensé: «Algún día te arrepentirás de lo que has dicho». A partir de ese momento, quise demostrarle que se equivocaba. Eso me motivó en mis estudios, cuando antes solía perder el tiempo en la escuela. Lo aprobé todo. Luego fui de desafío en desafío, hasta que un día, a pesar de todos mis esfuerzos y la inversión realizada, me vi obligada a declararme en bancarrota. Mi sentimiento de fracaso fue aún mayor, pues eso le daba la razón a mi padrastro cuando me dijo que era una fracasada y que nunca haría nada bueno en la vida.

Si se quiere demostrar algo a los demás, es porque uno mismo no se lo cree.

Por eso fracasamos. Al intentar triunfar para demostrarle a mi padrastro que había cometido un error al decirnos aquello, me vi haciendo muchos esfuerzos para conjurar esa predicción, hasta que no tuve más energía para luchar contra mis propias dudas.

No podría tener éxito mientras siguiese manteniendo esa lucha interior.

Para liberarme de esa afirmación, necesitaba transformar la interpretación que le había dado a sus palabras. En la visualización, volví en un estado relajado a la escena. Sucedía en la cocina. Encontré a la chica que era y vi a mi padrastro lanzarnos esa frase desde el umbral de la puerta y luego irse. Ayudé a mi Claudia joven a entender lo que quería decirnos.

Le expliqué que a él mismo le hubiera gustado tener la oportunidad de estudiar durante mucho tiempo. Le gustaba aprender, se interesaba por todo y, a pesar de su bajo nivel de educación, era una persona muy cultivada. Cuando nos oyó reírnos de todo lo que hacíamos pasar a nuestros profesores, se enfadó porque pensó: «Les damos la oportunidad de estudiar y lo único que hacen es perder el tiempo en distracciones».

Si hubiera podido expresarnos sin cólera lo que pensaba, lo habría hecho probablemente diciendo: «Cuando os oigo reíros de lo que estáis haciendo pasar a vuestros profesores, me temo que estáis perdiendo la oportunidad que se os está dando y que no llegaréis muy lejos en la vida».

La chica que yo era comprendió que le preocupaba porque quería que sus hijas tuvieran éxito, dejó de odiarlo y admitió que tenía razón: podría haber utilizado mil veces mejor las posibilidades que se le ofrecían.

Eso es lo que hice después. Aproveché al máximo las posibilidades que tenía a mi alcance e hice cosas no para demostrar a los demás lo que valía, sino porque correspondían a la elección de mi corazón. Me decía: «Me basta aunque sea la única que sabe por qué lo hago». Al no tener necesidad del reconocimiento de los demás, avancé hacia una nueva actitud que me llevó de éxito en éxito.

Entre los que culpan a sus padres o profesores de haberlos menospreciado, criticado o denigrado, son muchos los que no se dan cuenta de que están actuando de la misma manera al hablar de ellos mismos:

«Me paso la vida construyendo y deconstruyendo».

«Soy ingenuo».

«Me falta carácter».

«Me dejo manipular fácilmente».

«No puedo decidir».

«No tengo voluntad».

«Empiezo una cosa y luego lo dejo».

¿Y qué decir del famoso?

«Soy un perdedor».

Esta expresión se ha popularizado tanto que se ha utilizado ampliamente: «Un ordenador para perdedores», «Un perro para perdedores», «Facebook es para perdedores», etc.

Aunque esto ha dado pie a la aparición de obras excelentes, el hecho de considerarnos unos perdedores, o usar frases negativas al hablar de nosotros mismos, equivale a lo que nuestros padres o maestros nos decían: «Tú no entiendes nada, no vales nada, eres incapaz, nunca harás nada bueno en tu vida».

Además, cuando dices «soy un perdedor», ni siquiera lo intentas. Se considera que no vale la pena intentarlo, pero si lo probáramos podríamos tener éxito.

Ser conscientes de ello puede permitirnos liberarnos del hábito de minusvalorarnos. No soy un perdedor porque no domine un tema. Si es difícil para mí, es porque me hace falta información o porque no tuve al profesor adecuado.

Recordemos que nuestra mente subconsciente retiene todo lo que digamos y lo convierte en realidad.

Cuando dejé la microbiología para aventurarme en el campo del desarrollo personal, no confiaba en mí misma. Tenía miedo de las opiniones de otras personas porque no me sentía a la altura de las circunstancias. Para superar mis miedos y mantenerme en una actitud optimista, me repetía esta frase: «Lo tengo todo para tener éxito, y tengo éxito en todo».

Al principio, no lo creía. Pero mi determinación de hacerlo alimentó mi voluntad de creer. Observé que cuando me lo repetía a mí misma, poco a poco iba teniendo más confianza, de modo que me fui sintiendo más cómoda con mis grupos.

La repetición de esta declaración no me ahorró las dificultades por las que necesitaba pasar, pero me ayudó a seguir adelante hacia el éxito.

Hoy estoy convencida del poder de tal afirmación.

Tú también puedes repetirte una frase que te ayude a creer en ti mismo

Aquí tienes algunos ejemplos:

«Soy un excelente .... y ....».

«Soy un músico excelente, y cada vez hay más gente que viene a escucharme y que compra mis discos».

«Tengo el potencial para ser un .... y ....».

«Tengo el potencial para ser un muy buen facilitador, y cada vez hay más personas que se inscriben en mis seminarios».

«Tengo el talento de un .... y ....».

«Tengo el talento de un buen vendedor, y mis ventas están en constante aumento».

«Tengo las cualidades de un .... y ....».

«Tengo las cualidades de un gran líder, y soy respetado y apoyado por mi equipo».

Yo, personalmente, adopté esta:

«Soy una persona maravillosa y tan importante como las demás. Me doy cuenta de que puedo hacer mucho y los otros me aprecian mucho».

Por tu parte:

- Si tienes problemas para hacer amigos, puedes repetir una frase como: **«Soy un amigo por descubrir, y cada vez más gente busca mi compañía».**
- Si tienes dificultades para encontrar pareja: **«Amo, soy amable y estoy listo para vivir un amor compartido».**

Si aceptamos que nuestra actitud positiva sea dueña de nuestra vida, nada podrá detenernos en nuestra marcha hacia el éxito.

Marcel Gagnon

Capítulo 8

Me libero del miedo a la escasez

¿Construiría un pájaro su nido si no contase con su instinto de confianza en el mundo?

Gaston Bachelard

Todos los miedos que experimentamos están relacionados con una experiencia desagradable que nos asusta revivir o con una situación que tememos.

La madre de Benoît puso la ropa que acababa de traer encima de la mesa de la cocina. Benoît sentía aversión por las prendas de segunda mano y se avergonzaba de usarlas. Sus padres no eran pobres, pero ahorraban cada centavo que podían.

De adulto, Benoît desempeñaba un trabajo como autónomo. Siempre estaba preocupado por las finanzas. Iba de contrato en contrato con el temor de que el cliente se retirase o no estuviese lo suficientemente satisfecho. Luego una crisis económica se extendió a su región. Los clientes eran cada vez más escasos. Benoît empezó a temer por su futuro. Un día, se mareó, no entendía lo que le estaba pasando y perdió completamente el equilibrio. Su esposa lo llevó a la clínica. Descubrieron que tenía la presión alta.

Habiendo oído hablar de mi enfoque, me pidió una consulta.

Busqué con él cuál era su miedo. Detrás del temor a quedarse sin trabajo. Sentía miedo a perder la libertad, a tener que depender de los demás. Eso lo devolvió a la vergonzosa situación que había experimentado de niño.

Y tú, ¿conoces este miedo a la escasez?

¿De qué tienes miedo? ¿Será a la falta de dinero para proveerte de comida, ropa y refugio? ¿Tal vez tienes miedo de revivir la humillación por falta de conocimientos o de estar solo y carecer de afecto?

El miedo a la escasez puede llevarnos a acumular

LA ACUMULACIÓN DE ALIMENTOS

A menudo he observado esta tendencia a acumular en personas obesas. Sus armarios de cocina están repletos. Algunas incluso se abastecen de aceite, harina, arroz y azúcar como si se estuvieran preparando para una futura escasez alimentaria.

Sus frigoríficos también están llenos a rebosar. No es raro para ellas tener un gran congelador lleno de platos preparados.

Sus cuerpos hacen lo mismo: almacenan grasa, lo que les hace engordar.

Una de las participantes en mis seminarios se dio cuenta de ello. Limpió los armarios de cocina y el refrigerador para no conservar más que lo necesario.

Al cabo de unas semanas había perdido diez kilos sin esfuerzo.

LA ACUMULACIÓN DE ACTIVOS INMOBILIARIOS

Quien dice activos inmobiliarios dice gestión, mantenimiento... La acumulación de activos inmobiliarios puede convertirse en una forma de esclavitud.

El padre de Isabelle experimentó la pobreza de niño. Tan pronto como empezó a ganar dinero, ahorró para invertir y compró una casa. Luego vendió esa casa y con los beneficios adquirió otra más grande, luego compró una segunda, la cual renovó para venderla de nuevo con beneficios...

Isabelle me contó su experiencia con su padre:

> Mi padre tenía muchas propiedades, pero nunca tuvo dinero. Cada vez que le pedía que me pagase una actividad en la escuela, siempre obtenía la misma respuesta: «No tengo dinero». Inmediatamente invertía los beneficios obtenidos y solo conservaba lo mínimo para hacer frente a nuestras necesidades básicas. Mi padre ha vivido toda su vida como un hombre pobre. Hoy en día, está muy enfermo. Nunca se ha beneficiado de todo lo que acumuló.

LA ACUMULACIÓN DE TÍTULOS

He conocido a gente que tenía tantos títulos que podrían haber cubierto una pared entera con ellos. Sin embargo, eso no implicaba que fuesen más competentes.

Es mejor tener menos conocimientos y dominarlos que tener muchos conocimientos y no dominar ninguno.

Los conocimientos que atraerán el reconocimiento social y la abundancia son aquellos que habrán dado fruto, es decir, los que se habrán profundizado o nos permitirán descubrir lo que será útil para los demás.

Entre los participantes en mis seminarios, observo que los que están más sumergidos en una confusión mental van de terapeuta en terapeuta o realizan un curso de formación tras otro, sin tomarse el tiempo para profundizar bien en uno.

LA ACUMULACIÓN DE AMANTES

Qué de veces me habrán contado confidencias como esta:

> Conozco a muchos por los sitios de citas. Sin embargo, me paso la vida esperándolos... y, la mayoría de las veces, no hacen honor a sus compromisos.

Una bella mujer de unos sesenta años me dijo que se veía con un hombre casado. Me contó que la quería mucho, pero que no estaba listo para dejar a su esposa.

Luego siguió adelante, como para tranquilizarse:

> Pero yo también tengo otro. Este es mucho más joven que yo, pero mi edad no lo detiene en absoluto.

Hay quien tiene hasta tres o incluso cuatro amantes a la vez.

El miedo a la soledad y el miedo a la falta de afecto suelen ir de la mano. Al llenar tu vida de esta manera, puedes llegar a creer que este miedo no va a influir en ti, pero está esperándote al doblar la esquina.

El miedo a la escasez puede manifestarse como una obsesión por el ahorro

¿Sueles calcular lo que puedes permitirte gastar y lo que te queda?
¿Te fijas en el precio de los alimentos o de la ropa antes de tomar una decisión?
¿Normalmente compras lo que está en oferta?
¿Eres feliz cuando consigues lo que querías por un precio inferior?
¿Estás ahorrando dinero en calefacción, gas y electricidad?
¿Compras los alimentos de acuerdo con las rebajas de la semana?

Cuando tienes que viajar, ¿optas por el alojamiento más económico o bien eliges una categoría inferior a la que te gustaría?
¿Te dices a ti mismo: «Tengo que tener cuidado», «No puedo permitirme hacer locuras»?
¿Estás ahorrando dinero en la gasolina de tu coche?

Una participante en un seminario me dijo:

Cuando recibo mi sueldo, los primeros días, me compro frutas y verduras. Después de eso, solo como pasta hasta que llega mi próximo cheque.

Pasarte la vida ahorrando es vivir con miedo a la escasez, a la vez que te la estás creando.

Reflexiona sobre ello: ahorrando a toda costa, no te quedará tiempo para pensar en ideas que pudieran ayudarte a ganar más dinero.

El miedo a la escasez puede manifestarse como miedo...

- a perder tu trabajo
- a perder dinero
- a perder a tus clientes
- a perder tu negocio
- a perder a la persona que amas o a aquellas con las que puedes contar

En tu miedo a perder a tus clientes o a las personas que crees necesitar, te vuelves posesivo, y eso es exactamente lo que hace que los estés perdiendo.

Aquí tienes un ejemplo: estaba dirigiendo un seminario en Francia, cuando me enteré de que al día siguiente sería el cumpleaños de una participante que me encantaba. Después del curso me dirigí a una pastelería. Todo lo que quedaba eran pastelitos, pero yo buscaba una tarta grande para que la disfrutase todo el grupo. Pregunté a la dependienta si había más pastelerías en los alrededores. Me respondió: «No conozco ninguna». En su respuesta sentí muy bien su deseo de animarme a comprar sus últimos pasteles. Salí y le pregunté a una mujer que pasaba, que me indicó otra pastelería cercana y me explicó cómo llegar allí.

Entré en esta segunda pastelería. Solo tenían hermosas tartas de frutas. Como no era lo que yo buscaba, le pregunté a la vendedora si había otra pastelería en el barrio además de aquella en la que ya había estado. Ella me indicó una y me indicó cómo llegar. Cuando llegué, estaban a punto de cerrar y no tenían más pasteles. Así que volví a la segunda pastelería y le compré dos bonitas tartas de frutas.

La primera había escuchado su propio miedo a la escasez. Para ella, los otros representaban competidores que podían quitarle clientes.

La segunda, al no tener ese temor, estaba contenta de cooperar con los otros comerciantes.

¿Quién salía ganando?

¿Cuál de ellas se enfrentará probablemente a más dificultades económicas?

Cuando nos negamos a cooperar con otros por miedo a que ocupen nuestro lugar, el de nuestros clientes o el de nuestros participantes, nos volvemos mezquinos.

La mezquindad nunca conduce a la abundancia, mientras que la generosidad la activa.

El miedo a la escasez puede hacernos perder magníficas oportunidades

Bernadette se quejaba de que no se había cumplido todo aquello con lo que soñaba. Experimentaba una amargura tan profunda hacia la vida que incluso la privaba de disfrutar de ella. Se prometió a sí misma que en la boda de su hijo tendría en su vida al hombre que amaba y el trabajo que le correspondía. Sin embargo, su hijo estaba a punto de casarse, y ella estaba sola y sin trabajo, hasta el punto de que tenía que calcularlo todo, incluso la gasolina que gastaba. Ya no iba a conferencias que pudieran motivarla. De hecho, hacía lo contrario de lo que podría permitirle salir de su situación.

Yo estaba de paso por su ciudad y me llamó para contarme por lo que estaba pasando. Le pregunté si iba a ir a mi conferencia. Se lo ofrecí de buena gana. Ella me contestó que no podía porque se había comprometido a cuidar de su nieto. Bernadette era una de esas personas que piden ayuda pero que, en realidad, no quieren ser ayudadas. Lo que quieren es dar lástima.

Hay un viejo dicho: «¡Ayúdate a ti mismo y el cielo te ayudará!».

¿Dónde ponía Bernadette su energía? Se sentía como una víctima de la vida, a pesar de que esta puso en su camino una maravillosa oportunidad para empezar de nuevo. ¿Y qué hizo ella? La dejó pasar por miedo a gastar un poco de dinero.

Y tú ¿dónde inviertes tu energía?

El miedo nos hace tomar malas decisiones

Aceptar una situación que no nos conviene por miedo a la escasez, vivir en un lugar que no nos gusta, soportar una relación de pareja en la que no estamos bien...

El miedo a la escasez te conduce a malas elecciones

Una amiga me ofreció el siguiente ejemplo:

> Aparcas tu coche diciéndote: «Solo tardaré diez minutos, no voy a poner dinero en el parquímetro». Vuelves, y tienes una multa en el parabrisas que te cuesta mucho más.

He observado que cada vez que compraba lo que realmente me gustaba, siempre me divertía usándolo o mirándolo, mientras que cada vez que actuaba pensando que estaba ahorrando, acababa costándome más caro.

Te mostraré más ejemplos.

Cuando mi hija era pequeña, una amiga me habló de una fábrica donde se podían comprar monos de nieve directamente. Las prendas no eran de alta calidad, pero los precios eran muy asequibles. Le compré uno a mi hija. Lo usó durante un mes, y acabó en el cubo de la basura. Tuve que comprarle un segundo, pero esa vez elegí la calidad. Y me di cuenta de que me había costado más que si hubiera comprado el de buena calidad en un principio.

Un día aterricé en el aeropuerto de París-Charles de Gaulle. Para llegar a mi hotel, tuve que elegir entre tomar un taxi, que me hubiera costado cincuenta euros, o el RER (el metro) que costaba ocho. Queriendo ahorrar dinero, opté por el RER. En el tren, un hombre me miraba los anillos. Discretamente, me las arreglé para quitarme uno y meterlo en mi bolso. Al llegar, hube de tomar un taxi para llegar a mi hotel. Cuando saqué mi billetera para pagar la carrera, se me cayó el anillo, sin que me percatase de ello. Había ahorrado veintisiete euros, pero me había complicado el viaje, me expuse a que me robasen y perdí un anillo caro. Comprendí la lección y me prometí que lo haría mejor la próxima vez.

Había sobrepasado el presupuesto en la casa que habíamos construido. Deseando ahorrar en azulejos y baldosas en las habitaciones, hice una elección de acuerdo con el precio. A partir de entonces, cada vez que los miraba, pensaba: «Voy a cambiarlos...». Y acabé haciéndolo. Al final me había costado más caro y me privé durante años del placer de tener unos azulejos y baldosas de mi gusto.

Ahora estoy convencida de que si hubiera comprado más caro de lo que me hubiera gustado, habría atraído más dinero y no habría sido menos rica por ello.

Un presupuesto es un límite, un límite quizás necesario para evitar ir a los extremos, pero no deja de ser un freno inútil que ponemos a la abundancia.

El miedo a la escasez nos impide ser generosos

Una de las leyes del *dharma** es que quien siembra generosidad cosecha una vida de riqueza. Así que, en nuestro miedo a la abstinencia, tenemos miedo de dar, y así es como permanecemos en la escasez.

* En general, la palabra *dharma* en el budismo hace referencia al conjunto de normas y leyes, sociales, políticas, familiares, personales, naturales o cósmicas.

El miedo a la escasez nos lleva a calcular lo que damos y lo que recibimos

Un participante en uno de mis seminarios me contó la frustración que estaba experimentando en su trabajo como peluquero. Me dijo:

> Les enseño todo lo que me llevó años descubrir, y, en lugar de ayudarme a desarrollar mi salón, abren sus propias peluquerías y compiten conmigo. Cada vez tengo menos clientes.

Le contesté:

> Comprendo que eso puede hacer que te sientas frustrado y que te preocupe, pero has de saber que aquellos que comparten su conocimiento siempre reciben otros conocimientos más profundos, lo que les permite ir más lejos, y así es como terminarás siendo reconocido y buscado.

El miedo a la escasez nos lleva a la deshonestidad

DESHONESTIDAD PROFESIONAL

- Reclamar más horas de las que trabajamos.
- Crear facturas falsas.
- Ampliar el tiempo necesario para completar un trabajo para pedir más por él.
- Dejar que el cliente crea que necesita absolutamente un servicio que queremos venderle.
- Pedirle más dinero a una persona más rica.
- Ocultar herramientas o productos.

A continuación te muestro algunos ejemplos:

Con un cirujano

A los veintidós años, tuve cálculos biliares que me costaron una intervención quirúrgica. Cuando me desperté, descubrí que tenía dos cicatrices. Intrigada, se lo comenté a la enfermera. En un tono muy natural, me tranquilizó: «Ah, a ti también te han extirpado el apéndice. Cuando intervenimos en la caja torácica, aprovechamos para extirpar el apéndice, lo que evita una futura apendicitis».

En ese momento, acepté su respuesta sin protestar.

Hoy, le preguntaría al cirujano si estaría de acuerdo en que le extirpase los testículos para evitar un posible cáncer. Para el cirujano, que cobraba por intervención realizada, le salía más rentable reclamar los costes de dos intervenciones en lugar de una.

Después de aceptarlo, me reí: me había beneficiado de una oferta especial de «dos por uno».

¿Cuántos pacientes sufren a veces a manos de médicos deshonestos? Afortunadamente, hay muchos más doctores honestos y dedicados a sus pacientes.

Este cirujano podría tener la conciencia tranquila pensando que el apéndice es inútil de todos modos. Sin embargo, la ley de causa y efecto lo esperará en el punto de inflexión. ¿Quizás desde entonces ha perdido mucho dinero en sus inversiones o ha visto su salud en peligro? Nadie escapa a esta ley.

Con un abogado

Hace diecisiete años, tuve un accidente de coche. Queriendo evitar atropellar a dos personas en una motocicleta que se había interpuesto en mi camino, di un volantazo y fui a chocar con la esquina de un almacén de botellas. Mi aseguradora pagó por el accidente. Veinte meses después, recibí una carta en la que me informaban de que el propietario del almacén con el que me había estrellado había entablado una demanda contra mí por la destrucción de la estructura de su edificio, por lo que me reclamaba veinte mil euros. No lo entendía, ya que creía que todo había sido arreglado por mi seguro, por no hablar de que solo había golpeado la esquina de un viejo almacén que se estaba cayendo a pedazos y que un poco de cemento podría haberlo arreglado.

Contraté a un abogado para defenderme. Seis meses después de haberme presentado en los juzgados, tuve que regresar. Mi abogado me informó de que la otra parte estaba dispuesta a aceptar un acuerdo amistoso a cambio de diez mil euros. Le di las gracias y le contesté que me lo pensaría. Al día siguiente, mi jardinero, que conocía esta historia, me dijo que tenía algo que decirme y me hizo prometer que no revelaría la fuente de lo que me iba a contar. Me dijo que un amigo del dueño del almacén acudía a la misma iglesia que él y que le había contado que el abogado que me perseguía había comprado ese viejo almacén para estafarme. Puede que incluso fuese el que me defendió en el accidente. La ley prevé un plazo máximo de dos años para revisar el expediente, y sin duda había visto en esta cláusula una buena oportunidad para conseguir algo de dinero de mí. Llamé a mi abogado y se lo dije: «Puede responderle a su colega que soy consciente de la estafa, y que si continúa con sus acciones en ese sentido, informaré a la embajada canadiense».

Se suponía que me iban a llamar a declarar, pero nunca volví a saber nada más de ese asunto.

Ese abogado estafador había perdido un tiempo valioso que habría podido dedicar a otra causa y había invertido para nada en un viejo almacén. El burlador burlado.

La deshonestidad viene del miedo a la escasez y engendra pérdidas.

Con un empresario

Todavía no había aprendido lo que necesitaba aprender y por eso me volví a encontrar en una situación similar.

Me había puesto en contacto con un contratista que conocía para construir nuestra casa mientras estaba en Europa. Como pertenecía a un grupo religioso, pensé que era una señal de honestidad, y decidí confiar en él.

Hice importantes transferencias bancarias para que comprara los materiales y pagara a los trabajadores. Antes de regresar, tuve el mismo sueño tres veces. Volvía a casa y descubría una casita que no se ajustaba en absoluto a mis planes. Podía verme diciéndole: «Pero esta no es mi casa, es la suya...».

Cuando regresé, entendí mis sueños: en tres meses, solo había levantado la base de la casa, que requería una doble cimentación, porque el terreno estaba inclinado. Le pedí las cuentas para justificar sus gastos. Me dio varias facturas en un revoltijo, pensando que no las iba a revisar. Entre las facturas figuraban las de fontanería, electricidad, etc.

Me reuní con él en la oficina de mi notario, para que pudiera ser mi testigo, a fin de pedirle explicaciones sobre esas facturas. Su trabajo se limitaba a los cimientos, por lo que no tenía que usar fontanería ni equipo eléctrico. Se defendió diciendo que las facturas habían ido a parar al montón por error. Sin embargo, había otras que resultaron muy comprometedoras para él. Temiendo que lo demandara, tomó la iniciativa y me citó en el juzgado laboral, acusándome de no pagarle su retribución.

De nuevo, tuve que defenderme. Una vez más, la energía divina acudió a mi rescate. Encontré una hoja de papel en la que el contratista había escrito a mano: «Reconozco haber recibido la cantidad de... de la señora Claudia Rainville», con detalles específicos de las cantidades utilizadas, incluyendo los meses de salario que había deducido. Ese documento no estaba firmado, y solo su escritura podía traicionarlo. Se lo di a mi abogado, quien lo presentó ante el magistrado. Mi abogado propuso un análisis grafológico en caso de denegación del reconocimiento. El magistrado le preguntó al contratista: «¿Escribió usted este documento?». Respondió «sí» de manera patética. El magistrado se quedó sin palabras durante mucho tiempo, sin saber qué decir. Luego nos marchamos a la espera del veredicto. Posteriormente recibí una carta en la que me informaban de que el caso no era de la competencia de este tribunal.

¿Qué tenía que aprender?

Tuve que aprender a defenderme, a no dejarme intimidar, a afrontar la situación con delicadeza e inteligencia en lugar de querer evitarla pagando los costes. En muchas otras ocasiones, frente a situaciones similares, había elegido huir o enfadarme con una autoridad que ¡consideraba injusta! Al aprender esa lección, dejé de atraer ese tipo de situaciones.

Podría haber demandado a ese contratista por extorsión. No hice nada de eso, sino que dejé que asumiera el resultado de lo que había sembrado en el jardín de su vida.

Si hubiera sido honesto, podría haber construido la casa, lo que habría representado una gran publicidad para él. Unos meses después de aquello, le dijo a un amigo común que nunca se había visto tan pobre.

Para liberarse, debería haber tenido el valor de pedirme perdón y encontrar un arreglo para hacer las paces. Elegí creer que no había tenido la intención de estafarme, pero probablemente nunca tuvo tanto dinero en sus manos. ¿No dicen: «La oportunidad hace al ladrón»? Pensando en llevar a cabo el trabajo hasta el final, tal vez pensaba devolvernos el dinero de sus futuras ganancias. En cuanto a la acción que había entablado contra mí en el tribunal laboral, sé que había actuado por miedo, quizás basándose en la creencia de que la mejor defensa es el ataque.

Ha pasado mucho tiempo desde que lo perdoné. Pero ¿se perdonó a sí mismo? Su situación financiera me lleva a creer que no.

He observado que, allí donde hay más falta de honestidad, también hay más pobreza. Esto no significa que los pobres sean deshonestos. No, hay muchos más que son honestos. Lo que he descubierto es que cuanta más alta es la tasa de deshonestidad en un área o país, más pobre es esa área o país. Sus líderes son a menudo los primeros en corromperse.

Tal vez pensarás: «Hay gente muy rica que es deshonesta». Así es, pero ¿qué es lo que las almas de esta gente les están preparando como próxima encarnación? ¿En qué país se arriesgan estas almas a nacer? Tal vez en esa ocasión serán muy pobres y honestos.

Podemos tener buena conciencia y mentir a los demás, pero no podemos engañar a la ley de causa y efecto. Si sembramos malas hierbas en nuestro jardín, no cosecharemos zanahorias.

Si todos fueran honestos y generosos en esta tierra, la pobreza no existiría.

La importancia del perdón

Si alguien te ha robado, estafado o hurtado, o si se ha apropiado de tu clientela, tu investigación, tu trabajo, tus descubrimientos o una de tus composiciones, perdónalo comprendiendo que ha actuado por miedo a la escasez. Al perdonar, en lugar de mantenerte en una frecuencia baja albergando pensamientos de enojo, resentimiento o deseo de venganza, te moverás a frecuencias elevadas que atraerán oportunidades de llegar a ser más próspero y creativo, de componer obras aún más bellas, textos aún más maravillosos.

El estafador o ladrón tendrá que devolver cien veces más de lo que ha adquirido deshonestamente, y el que ha copiado se verá privado de su creatividad. Al explotar la obra de otro, puede ganar más dinero que su creador, pero terminará en las sombras, mientras que el verdadero autor creará más obras, que lo harán famoso.

PERDONARSE UNO MISMO POR LA FALTA DE HONESTIDAD

¿Quién no ha mentido nunca por miedo a las repercusiones?

¿Quién no ha cedido nunca a la tentación?

Yo misma no siempre fui honesta, pero eso me permitió aprender que tienes mucho más éxito cuando lo eres.

A los catorce años pasé por un período de rebelión contra la autoridad. Un día, estaba en una tienda con mi hermana. Por desafío, más que por necesidad, robé un libro de un estante. Lo hice con tanta rapidez que no tuve tiempo de ver el título.

Una vez fuera, le conté a mi hermana lo de mi pequeño robo y saqué el libro de mi bolso. Qué sorpresa cuando vi el título: *Sé cómo comprar*... Mi hermana y yo nos reímos a carcajadas. ¡Qué hermoso mensaje acababa de recibir!

MARGUERITE TOMÓ EL DINERO DE SU PADRE

Marguerite tenía doce años. Le encantaba jugar. Cada vez que le pedía dinero a su padre para comprar material para manualidades, siempre obtenía la misma respuesta: «Seguro que tienes más cosas que hacer que pasarte el día haciendo manualidades». Un día, encuentra un billete de veinte euros en la cocina. Lo toma y se compra algo de material, que esconde con cuidado. Al día siguiente, su padre busca el billete que tenía colocado en el mostrador de la cocina para pagar la factura del agua pero no puede encontrarlo. El día anterior su hermano había salido con amigos, así que su padre pensó que había tomado el billete para ir de fiesta con ellos. Lo acusó y lo castigó. Marguerite se sentía muy culpable. Sufría al ver a su hermano castigado cuando sabía que era inocente, pero tenía demasiado miedo a las represalias si confesaba su fechoría. Su culpa la mantenía despierta, y se decía a sí misma: «Como has hecho eso, serás pobre toda tu vida».

Marguerite necesitaba perdonar a la joven que era y a la que le encantaba jugar. En un estado de relajación, la guie para que pudiera ir a la cama de la adolescente que era y que acababa de asegurar: «Como has hecho eso, serás pobre toda tu vida». Con gran ternura, la acogió y le preguntó:

> ¿Por qué estás siendo tan dura contigo misma? Herirte no le aportará nada a tu hermano ni hará más ricos a tus padres. No puedes cambiar lo que ha pasado, pero puedes usarlo para seguir adelante en el camino de tu evolución.
>
> Dile que sabes que nunca les robaría dinero a sus padres, pero que tenía muchas ganas de tener ese material de manualidades y que cedió a la tentación. Dile que debe encontrar la manera de devolver ese dinero a sus padres y que tiene que esperar el momento en que su hermano la necesite para consolarle su sufrimiento, reparando así el que ella le causó. De ese modo se liberará y podrá darle la bienvenida a la abundancia de nuevo.

¿Cómo pedirle perdón a alguien con quien ya no estamos en contacto?

Podemos escribirle una bonita carta y luego quemarla. Esto es un gesto simbólico que limpia la energía.

¿Cómo devolver aquello de lo que hemos podido apropiarnos deshonestamente, si es demasiado tarde o si no sabemos cómo hacerlo? Si nos hemos apropiado del trabajo de otra persona, podemos ayudarla a que dé a conocer los suyos.

He aquí un ejemplo: tienes un libro o un fragmento de música descargados de forma ilegal, de modo que no has pagado nada, y el autor, en lugar de recibir sus derechos no ha recibido nada. Puedes ayudar a este autor recomendando sus libros o su música de forma legal. Al hacerlo, estarás pagando la deuda en la que habías incurrido al piratear su trabajo.

Si se trata de dinero que has malversado y que no puedes devolver por el riesgo de exponerte a graves demandas, haz que lo aprovechen organizaciones benéficas y perdónate por esas faltas de honestidad.

El perdón es el borrador maestro.

¿Cómo puedes liberarte del miedo a la escasez?

¿Te domina el miedo a la escasez?
¿Mantienes tu trabajo solo por el salario que te reporta?
¿Aceptas condiciones de trabajo que no se adaptan a tus necesidades por miedo a que si los rechazas seas despedido?
¿Alguna vez has temido no llegar a fin de mes o no poder pagar las facturas, el coche o el alquiler?
¿Mantienes una relación de pareja por miedo a no ser capaz de estar solo?
En tu guardarropa, el porcentaje de ropa que ya no usas ¿es más alto que el de la ropa que te gusta llevar?
¿Alguna vez has tenido miedo de no tener éxito en tu negocio?
¿Alguna vez has temido que tu cónyuge pierda su trabajo?
¿Alguna vez has tenido miedo de no tener suficientes clientes?
¿Te divides entre un trabajo que te proporciona un salario y otro que te apasiona?

Si has respondido afirmativamente a varias preguntas, lo más probable es que el miedo a la escasez domine tu vida.

Necesitamos una gran honestidad con nosotros mismos para admitir que nos domina el miedo a la escasez, es decir, que influye en nuestras decisiones y obstaculiza nuestro camino.

A los cuarenta años, cuando me pidieron que diera conferencias, consultas o seminarios, acepté sin tener en cuenta la energía que requeriría. Aunque cansada, seguí adelante sin descanso para cumplir con mis compromisos, lo cual me llevó en 1999 a un agotamiento profesional. Fue entonces cuando me di cuenta de que aunque me gustaba mucho mi trabajo, me exigía demasiado a mí misma por miedo a la escasez.

Como trabajadora por cuenta propia, pensé: «Hoy me gano la vida, pero mañana, si por alguna razón no tengo más trabajo o no puedo continuar, ¿cómo lo voy a hacer para vivir?».

Además, mi marido se había apuntado a la misma aventura. Había dejado su trabajo para secundarme y obtenía su salario de mi empresa. Así que quise crear una reserva en caso de escasez.

Pero me di cuenta de que era el miedo a la escasez lo que decidía y que se había convertido en mi dueño.

Decidí enfrentarme a él simbólicamente. Tomé una botella de champán vacía, que lo representaba, y hablé con él:

> Tú, mi miedo a la escasez, durante gran parte de mi vida me sometí a tus inseguridades. Dejé que influyeras en mis decisiones. Trabajé como una esclava para tranquilizarte. Controlé mis gastos para que no te preocuparas. Limité los placeres que podría haberme ofrecido para no ofenderte.
>
> Me has costado mucho en términos de salud, de mis relaciones, de mi alegría de vivir y mi bienestar.
>
> Hoy, se acabó, ya no eres mi dueño, soy yo la que ahora decidirá lo que necesito, lo que deseo, el número de días que quiero trabajar. Mis opciones ya no las decidiré de acuerdo con tus intereses, sino de acuerdo con lo que yo quiera tener, hacer o vivir.

Luego tiré la botella, mientras pensaba intensamente que estaba tirando el miedo a la escasez. Después de eso, tomé la decisión de concederme un descanso. Dejé de lado un seminario que requería demasiada energía por mi parte y ofrecí seguridad a quienes quería motivar. Reduje mi carga laboral, trabajando solo en primavera y otoño. Gané más, pero sobre todo **disfruté más de mi vida**.

El dinero y la abundancia son energía. El miedo, sea a lo que sea, bloquea la energía.

Al escoger el amor y la fe en la vida, activamos esta energía.

La fe es el mejor antídoto al miedo a la escasez

¿Alguna vez te ha faltado techo, comida o ropa?

Si la respuesta es NO, no te preocupes, nunca te faltará, porque si eso es lo que viniste a experimentar en esta vida, lo habrías padecido desde la infancia.

Y cuando tengas dudas, puedes volver a esa evidencia.

Si este miedo a la escasez está presente en tu vida, puedes repetir esta breve oración antes de acostarte:

Dios mío,* o Energía divina, dame todo lo que necesito con un excedente divino.

* Dios, Brahma, Alá... son en realidad sinónimos. Todos estos nombres describen una Consciencia superior.

También puedes repetir afirmaciones que activarán la energía de la abundancia. Sin embargo, es preferible elegir solo una al principio y repetirla tan a menudo como sea posible, para que tu subconsciente lo acepte y pueda darse cuenta de los beneficios de esta afirmación.

Aquí hay algunos ejemplos:

- «Siempre he tenido dinero y siempre lo tendré».
- «Cada día soy más y más próspero».
- «La abundancia es mi derecho divino».
- «Por cada centavo que gasto, obtengo más».
- «Cuanto más gasto, más dinero entra».
- «Cuanto más pago, más recibo».
- «Siempre consigo más de lo que pido».
- «Soy un imán y atraigo la abundancia a mi vida».
- «Dios es mi pastor, nada me puede faltar».

Cuando mis hijos estaban conmigo, solía decirles: «Cuando no hay más, es que hay más...». Lo decía, por ejemplo, cuando se terminaba un tarro de mermelada y sacaba uno nuevo. Los hacía reír. Mi hija lo utiliza con sus propios hijos. No tiene problemas de dinero y vive a gusto, así que eso es lo que les va a transmitir a sus hijos.

Al afirmar que cuando ya no hay más, todavía queda más, he observado muchas veces que si quería comprar algo y no quedaban existencias, casi siempre terminaba encontrando un último artículo o bien otro que me convenía aún más. Esto podría incluir un billete de tren o avión o entradas a espectáculos.

También funcionaba con el dinero: cuando gastaba todo lo que tenía en mi monedero, recibía un dinero que no esperaba.

Tanto es así que he llegado a afirmar: «¡No pidáis nada y recibidlo todo!».

Si concentras tu atención en la pobreza, la privación, la soledad, la inmundicia y la mediocridad, en las dificultades y problemas del mundo, tu mente toma la forma de todas estas cosas, de acuerdo con la ley que dicta que experimentarás aquello a lo que prestas atención.

Dr. Joseph Murphy

Capítulo 9

Desarrollo mi generosidad

Ningún hombre puede hacerse rico sin enriquecer a los demás.

Andrew Carnegie

Dar es recibir.

El agricultor devuelve a la tierra una décima parte del trigo, maíz, cebada o avena que ha cosechado. De lo contrario, no obtendrá ninguna cosecha futura.

Cuántas veces he visto a gente que quiere vender su producto sin antes dar nada a sus clientes potenciales y se sorprende al obtener muy escasos resultados.

Si al presentar un producto o servicio, ofreces algún tipo de obsequio, no todo el mundo lo comprará, pero la rueda de la abundancia habrá empezado a girar.

Las empresas de éxito lo han entendido. Algunas ofrecen muestras gratuitas de sus productos, otras dan consejos útiles, y esto siempre lleva a un aumento de las ventas.

Algunas personas piensan que son demasiado pobres para dar: «¿Qué podría dar? No tengo nada».

Nadie es demasiado pobre para dar. Podemos ofrecer nuestro tiempo, escribir una pequeña nota de gratitud en un pedazo de papel, componer un ramo con flores silvestres...

Otros son reacios a darle a una persona rica, ya que piensan que es normal que la persona más rica pague: «¿Por qué tendría que darle a alguien que tiene más que yo?». Esto es un error. Porque es precisamente dándole a esa persona rica como puedes recibir más de ella.

Lo mismo sucede con la vida. Si lo esperas todo de ella, no te dará nada, pero si tú se lo das a ella, eso la incitará a darte más.

¿Qué puedes dar?

Lo primero que puedes dar es tu gentileza. La gentileza no cuesta nada. Es un amor gratuito que se expresa a través de una atención benevolente y atenta a la persona que te habla.

Una canadiense, Annabelle Roberts, y una francesa, Marine Galland, tuvieron la brillante idea de crear una formación para empresas y compañías para ayudar a su personal a ser más cordiales con sus clientes. La llamaron «Simpatía Certificada».

Pronto se dieron cuenta de que los que aplicaban ese enfoque en su empresa tenían más facilidad para retener a sus clientes y atraer a otros nuevos.

La gentileza es una garantía de éxito.

Dar esta gentileza es también recibirla de los demás. Durante un viaje a la India, conocí a alguien que me dijo que pensaba que los indios eran terribles. Sorprendida, le repliqué que yo, por el contrario, solo me había encontrado con indios amables. Él respondió: «Eso porque tú eres amable...».

Recuerdo a un mendigo. Tenía los dedos de las manos y de los pies completamente devorados por la lepra. Lo conocí cuando me dirigía a escuchar las enseñanzas dadas por su santidad el dalái lama. En esa época, yo vivía con un presupuesto limitado de diez euros al día. Cuando me quedaba un excedente, se lo daba, e incluso cuando no podía darle nada, me ofrecía su sonrisa más encantadora.

La felicidad se veía en su rostro.

Todo lo que podía dar era su sonrisa, y la daba con amor.

Para mí, eso contrastaba con esas hordas de mendigos que, después de recibir algo de dinero, no se tomaban la molestia de dar las gracias a su benefactor y ya corrían hacia otros con las manos extendidas.

Solo estaban tomando, no tenían nada que dar. No se daban cuenta de que al hacerlo se estaban quedando en la pobreza más extrema.

Si no tenemos dinero, podemos ofrecer nuestro tiempo

Los voluntarios son a menudo personas felices. Hace poco veía un programa de televisión sobre voluntarios de la Cruz Roja y bomberos voluntarios que salvan vidas. Estas personas dedican su tiempo, habilidades y energía a ayudar a los demás, sin esperar ningún reconocimiento.

Pocos les dan las gracias y, sin embargo, encuentran gran satisfacción y sentido en sus vidas. Los hace sentirse felices y orgullosos de ser humanos.

Una enfermera voluntaria se vio afectada por la situación que vivían las personas muy pobres que no tenían acceso a la atención médica y que sufrían mucho por no poder ser tratadas. Esto la motivó a poner en marcha el proyecto de crear una pequeña clínica para ellas. Pidió la ayuda de clínicas privadas y de sus amigos ricos. Se las arregló para recaudar fondos, equipo y las medicinas necesarias. Incluso encontró médicos voluntarios dispuestos a dar su tiempo para formar parte del proyecto. La clínica estaba lista, solo se necesitaba el suministro de agua para que fuese operativa. Pero para ello, era necesario instalar un depósito en el techo. Pasaron los meses sin que se instalara ese depósito y sin que la clínica entrara en funcionamiento. Cuando la benefactora regresó seis meses después, se sorprendió al enterarse de que la clínica aún no había abierto sus puertas y que los medicamentos que se podían haber usado habían caducado en su mayoría.

Reunió al grupo de personas con las que había llevado a cabo el proyecto:

–¿Por qué no han sacado el depósito de su caja? –les preguntó.

La única respuesta que obtuvo fue:

–Somos pobres.

Exasperada, les dijo:

–Si no podéis utilizar los diez dedos para instalar este depósito de agua, es que verdaderamente sois pobres, ¡realmente pobres!

¿Qué es lo que aquella gente había dado por propia voluntad al proyecto? Nada. Lo esperaban todo, incluso que les hiciesen el trabajo.

Esperar todo de los demás y no dar nada es la mejor manera de vivir la escasez.

Por el contrario, dar es hacer que circule la energía de la abundancia.

La benefactora, que había invertido su tiempo y sus ahorros, podía sentir que había perdido su tiempo y su energía. Pero su generosidad hizo que nunca le faltara nada.

No importa lo ingratos que sean los demás con nosotros, los ingratos son siempre pobres, mientras que los generosos hacen girar la rueda de la abundancia.

Cuántas veces damos y no nos parece justo que siempre acabemos dando nosotros.

Recuerda bien esto: **el que da más es el que más recibe**.

Así que no tengas miedo de dar más. Lo que no te devuelva aquel al que das, la vida te lo devolverá.

No necesariamente recibimos de personas a las que hemos dado o lo que nos gustaría recibir, pero siempre regresa a nosotros de una manera u otra. Al dar sin calcular, solo por la alegría de dar, recibimos cien veces más de lo que hemos dado.

Lo he experimentado muchas veces. Por ejemplo, mientras me preparaba para mudarme, aproveché la oportunidad para limpiar mis armarios. Di bolsas enteras llenas de ropa y muchos zapatos. Un tiempo después, recibí varios pares de zapatos de una de las participantes en mis seminarios, cuyo marido era fabricante. Incluso me dijo que me los podía hacer a medida.

Durante mi divorcio, tuve que compartir con mi esposo los frutos de mis últimos doce años de trabajo.

Es cierto que él me había apoyado en ese trabajo, pero yo había trabajado mucho más que él. Al principio, lo viví como una injusticia, pero luego acepté la idea de que él lo necesitaba más que yo, considerando que era mucho más fácil para mí reconstruir mi situación financiera. Bendije esa situación y le deseé felicidad y prosperidad.

Diez años después, era más rica que cuando nos divorciamos.

He aplicado también esta generosidad a quien me ha robado o explotado, considerando que el que lo ha hecho lo necesitaba más que yo, y que cada vez volvía a mí con mayor abundancia.

La generosidad de la mano debe ser inspirada por la generosidad del corazón. Cuanto más damos, más recibimos.

No solo se puede dar dinero o cosas. También está nuestro amor, nuestra disponibilidad, nuestra ayuda, nuestra escucha, nuestra comprensión, nuestro aliento, nuestra confianza, nuestro agradecimiento, nuestra gratitud...

Quienes están centrados en sí mismos a menudo están solos. ¡Qué de personas he conocido en mis seminarios que estaban completamente centradas en sí mismas! Esta gente solicitaba continuamente atención y se quejaba de malentendidos y de las opiniones de los demás, sin ni siquiera darse cuenta de que siempre pedían y nunca daban nada.

Recuerdo especialmente a una de esas personas. Tan pronto como me levantaba para disfrutar de un descanso o tomarme un tiempo libre para ir a almorzar, corría hacia mí para hacerme preguntas. Un día, la detuve en su camino y le pregunté: «Ahora mismo, ¿estás teniendo en cuenta mi necesidad de descansar?». Sorprendida, no insistió. Mi pregunta le permitió darse cuenta de que no estaba atenta a los demás y reconocer que era la niña dentro de ella la que tenía ese comportamiento. Esto la ayudó a crecer y más tarde se convirtió en una excelente consultora en metamedicina.

A veces tienes que ayudar a otros a tenerte en cuenta.

La gente que solo toma no es consciente de que al actuar así están creando deudas en lugar de dividendos.

El que toma se empobrece, el que da se enriquece.

Omraam Mikhaël Aivanhov

Hay parejas en las que uno habla continuamente y el otro no escucha. Como mucho, le oye decir palabras a las que no presta atención.

Ambos se quejan de que el otro no escucha, pero en realidad ninguno de los dos está atento al otro.

Si el que habla continuamente estuviera atento al otro, se callaría para permitir que se expresase, y el que hace oídos sordos escucharía lo que la otra persona está tratando de decirle mediante su flujo de palabras.

Dar no es olvidar, privarse o sacrificarse

Cuando nos privamos o nos sacrificamos para dar a otros, inevitablemente terminamos culpándolos.

Te mostraré un ejemplo: Marta organiza una presentación de artículos de cocina en su casa. Necesita doce invitados para recibir el regalo de anfitriona. Marta invita a su prima Liliane y le dice que ya tiene la confirmación de once personas. Liliane está cansada, no quiere ir a la presentación, pero acepta ser la duodécima para que Marta pueda recibir su regalo de anfitriona.

Seis meses después, Liliane se traslada de casa y necesita ayuda. Llama a Marta. Esta se la niega, ya que está demasiado cansada.

Liliane se enfada y la telefonea:

> Cuando me dijiste que te faltaba una persona para conseguir tu regalo de anfitriona, yo también estaba cansada, no tenía ganas de ir a tu presentación, pero fui. Incluso te compré cosas que no necesitaba. Y tú, resulta que ahora no puedes ofrecerme unas horas de tu tiempo. Bueno, pues hemos acabado.

Si Liliane hubiera deseado realmente participar en esa presentación, habría pasado por alto el cansancio de Marta.

Había renunciado a sí misma por su prima y esperaba que Marta hiciera lo mismo por ella. ¿Liliane le dio algo a Marta? No, la hizo responsable de lo que había hecho por ella.

Muchas madres les dicen a sus hijos: «Sacrifiqué toda mi vida por vosotros», y cuando envejecen, esperan que sus hijos a su vez se sacrifiquen por ellas.

Eso no es dar algo de sí mismo, es una negociación que se traduce en: «Te lo doy todo, pero me lo debes todo».

Eso no es generosidad.

El verdadero don es gratuito y da a la otra persona en completa libertad.

Le doy al otro porque me divierto dándole. Lo que hago, lo hago primero por mí mismo, porque sé que dando hago circular la energía de la abundancia.

Para dar, debes saber cómo recibir

Recibir es aceptar lo que la otra persona nos da o hace por nosotros, dejando que disfrute de la alegría de complacernos, de ayudarnos a resolver una dificultad o a llevar a cabo un proyecto.

Se puede dar con toda humildad, pero también se puede hacer con el propósito de satisfacción egoísta: de ese modo nos sentimos mejores o superiores que aquellos a los que damos. Mucha gente que sermonea a otros lo hace en la creencia de que están ayudándolos y no se dan cuenta de que están adoptando una posición de superioridad frente a ellos. La moralidad funciona en un sentido, mientras que el intercambio de experiencias tiene lugar en dos sentidos: doy, pero también permito que el otro me aporte algo.

Los orgullosos rara vez saben cómo recibir. Si toman, no tardan en devolver, para no deberle nada a nadie. Recibir requiere humildad, porque permite que el otro se sienta en una posición de superioridad.

Una muy bella historia sufí cuenta que un día un rey tuvo nueve sabios a su servicio. Después de varios años, fue a ver a los sabios y les preguntó:

–¿Cómo es que después de tantos años como lleváis aquí no he aprendido nada?

Los sabios no osaron contestar. Un chiquillo, que presenciaba la escena, se echó a reír. El rey, ofendido y furioso, le preguntó qué le hacía reír tanto.

–Me río porque estos nueve hombres están en silencio y sé por qué permanecen así y por qué no habéis podido aprovechar su presencia.

El rey le preguntó:

–En ese caso, ¿puedes tú enseñarme algo?

–Sí.

–¡Pues enséñame!

–Para ello, deberéis hacer lo que os pida.

El rey aceptó.

–Venid y sentaos en mi lugar, y yo me sentaré en vuestro trono. Entonces haréis preguntas como un discípulo y no como un maestro.

Se sentó en el suelo y el niño hizo lo propio en el trono. El rey entendió la lección. No necesitó hacer ninguna pregunta. Le dio las gracias al niño y le tocó los pies, mientras le decía:

–Con solo sentarme humildemente a tus pies, he aprendido mucho. Los sabios estaban dispuestos a enseñarme, pero yo no estaba preparado para recibir lo que querían transmitirme.*

Esta historia muestra la importancia de la humildad a la hora de recibir, sobre todo conocimiento. El que cree saberlo todo no aprende nada. La primera lección que un discípulo debe aprender es la humildad.

* Esta historia está tomada del libro de Osho Rajneesh *Mourir et ranaître.*

Cuando damos lo mejor de nosotros mismos a nuestra gran familia universal, podemos estar seguros de que cosecharemos lo mejor y, muy a menudo, con mayor abundancia.

Sin embargo, este don debe ofrecerse sin ninguna expectativa, sino por la simple alegría de proporcionarles a otros la oportunidad de aumentar su bienestar, alegría, éxito y nivel de consciencia. Dar también requiere un cierto discernimiento, porque dar demasiado puede ser una forma de dominación sobre el otro e incluso puede impedirle desarrollar su propio potencial.

Demasiado poder de uno puede hacer que el otro se sienta indefenso

Cuando Jesús se encontró con un paralítico, le preguntó si quería sanar. Jesús le dijo:

> Ánimo, hijo mío, tus pecados te son perdonados. Levántate, toma tu camilla y anda.
>
> Mateo, 9: 2-6

Cuántas veces queremos ayudar a gente que no nos ha pedido nada... Es como querer estar en su lugar. Esta ayuda en ocasiones puede ser más dañina que beneficiosa.

¿Qué le habrías dicho al paralítico?: ¿«Toma tu camilla y anda» o «Súbete a mi espalda, que yo te llevaré»? Eso es lo que hacemos cuando resolvemos los problemas de los demás o queremos llevar su carga. No se hacen cargo de sí mismos, no tienen la voluntad de salir de esa situación, se vuelven dependientes de nosotros y no podrán caminar por sí mismos. Eso es lo que la enfermera que creó aquel proyecto de clínica para los más necesitados tenía que entender. Se ocupó ella misma del problema de las personas a las que veía sufrir por falta de atención médica.

En cuanto a ayudar a los demás, el verdadero don es ayudarlos a ayudarse a sí mismos. Esto implica hacerles creer que pueden arreglárselas, darles los medios o el aliento para que lo hagan, pero sobre todo permitirles llevar a cabo los actos o tomar las decisiones que consideren más apropiadas. Esto no excluye acudir al rescate de quien pudiera necesitarnos.

Todo ello requiere alejarse de la necesidad de reconocimiento o de glorificación.

Al permitir que otros avancen, somos nosotros los que avanzamos siempre más lejos.

Hay gente que no sabe más que pedir y otros que no saben más que recibir. Si realmente queremos ayudarlos, debemos ofrecerles la oportunidad de dar. Aquellos que no hacen más que recibir acumulan continuamente deudas y permanecen en un estado de pobreza, mientras que los que dan acumulan continuamente riquezas espirituales que se manifiestan en el plano físico.

Vivir miserablemente te hace pobre.
Vivir generosamente te vuelve rico.
Osho Rajneesh

La ley del diezmo

La palabra *diezmo* significa 'una décima parte' y tiene su origen en la proporción de los ingresos que entregaba un individuo para las necesidades de las iglesias desde la Antigüedad. Los diezmos de la producción anual de los campos (frutas, rebaños) fueron ofrecidos al servicio de Dios por los diferentes pueblos de Babilonia y luego de Roma, y continúan en nuestras iglesias, aunque ya se ha perdido el verdadero significado, y en la mayoría de los casos ha quedado reducido a la mera recolección de monedas.

El diezmo produce maravillas.

La manera ideal de pagar los diezmos era dar el diez por ciento de lo que se tenía: dinero, riqueza o tiempo para la propagación de la verdad, para la emancipación y la felicidad de los seres de esta Tierra.

Por ejemplo, si antes de empezar un curso dedicamos el diez por ciento del tiempo a la oración o la meditación, recibiremos más inspiración para dar una mejor enseñanza.

Cuando empecé a confiar mis seminarios a facilitadores que había formado, recibí un mensaje en el que se me decía que debía pedirles el diez por ciento de su remuneración en esos seminarios.

Sabía que debía hacerlo por ellos. Pero, en ese momento, al no entenderlo muy bien, no supe cómo explicárselo.

Los que ya habían empezado se lo tomaron mal. Pensaron: «¿Por qué debemos darle el diez por ciento de nuestras ganancias cuando ella es más rica que nosotros?».

Algunos de ellos se fueron por esa razón. Algunos incluso reanudaron mis seminarios por su cuenta, aunque cambiándoles el nombre. Podía haberlos llevado ante la justicia y hacer valer mis derechos de autora. No hice nada al respecto, sino que los dejé aprender de su experiencia. El robo de la propiedad intelectual no conduce al éxito.

Aquellos que se hicieron cargo de mis seminarios por su cuenta o que utilizaron medios indirectos para pagar la cantidad mínima de dinero vieron venirse abajo sus empresas, mientras que aquellos que se sentían felices de contribuir vieron sus seminarios llenos y florecientes.

Luego estaban los que habían accedido a dar el diez por ciento de los ingresos de los seminarios, pero que lo hicieron para mantener sus puestos en la metamedicina. Esta gente no se sentía cómoda haciéndolo. Se sentían privados de una parte de sus ingresos. Ahora entiendo por qué tenían grupos tan pequeños.

No habían entendido la ley del diezmo.

Dar porque te sientes obligado o con un sentido de privación no es dar. Es incluso contrario al espíritu del diezmo, y no atrae la prosperidad.

La ley del diezmo puede ser comparable a la del granjero que con alegría devuelve el diez por ciento de su cosecha para obtener una cosecha abundante.

Cuando doy dinero para una buena causa, si a este gesto le añado una frase como: «Doy esta cantidad de dinero con alegría y pido a la Energía divina que la multiplique para que pueda ayudar a muchas personas y que los que la reciben puedan dar aún más beneficios a sus beneficiarios», esta afirmación amplifica la ley del diezmo.

Al dar, permitimos que el dinero recupere el lugar que le corresponde como servidor y no como un amo ante el que sacrificamos el respeto por nosotros mismos y nuestros semejantes. Por eso es tan importante aprender a dar.

Dando amor, recibiremos felicidad.

Al dar alegría, obtenemos el placer de vivir.

Al traer la paz, logramos la plenitud.

Al ofrecer belleza a los demás, recibimos armonía en nuestro espacio vital.

Al animar a los demás, aumentamos nuestra confianza en nosotros mismos.

Al enseñar a otros cómo sanarse a sí mismos, disfrutamos nosotros mismos de buena salud.

Al motivar a otros, somos más dinámicos nosotros mismos.

Al apoyar a otros, recibimos lealtad de nuestros colaboradores.

Al mostrar a los demás el camino al éxito, atraemos éxito.

Al meditar en grandes verdades, recibimos inspiración espiritual.

Al enseñar el camino del despertar, podemos lograr nuestra propia liberación.

El mayor regalo es el don de sí mismo.

No hay amor más grande que dar la vida por tus amigos.

Juan, 15: 13

En la iglesia, cuando era niña, nos decían: «Jesucristo sufrió y murió a causa de nuestros pecados». Cuando escuché estas palabras, me sentí culpable, aunque lógicamente sabía que no tenía sentido. ¿Cómo podría haber redimido pecados que yo aún no había cometido, si había muerto antes de que yo naciera?

Estas enseñanzas que mezclan el amor con el sacrificio llevaron a las madres a creer que, para amar a sus hijos, tenían que privarse por ellos. Del mismo modo, muchos hombres estaban dispuestos a dar su vida por su patria, mientras los traficantes de armas hacían su agosto.

«No hay amor más grande que dar la vida por tus amigos» significa que no hay mayor amor que el de estar dispuesto a «consagrar» una gran parte de tu vida a ayudar a otros a emanciparse de su sufrimiento.

Este don no es un sacrificio, es un sacramento, el más grande de todos ellos. Sin embargo, este don solo puede lograrse con la alegría de contribuir para mejorar nuestro mundo. Aporta un sentimiento de plenitud y de realización.

La Madre Teresa es un buen ejemplo. Ella no se sacrificó por los pobres de Calcuta. Encontró mucha felicidad en ellos, el sentido de unidad y el pleno cumplimiento de su misión en la Tierra.

La Madre Teresa, Jesús, su santidad el dalái lama, el padre Pío, Mahatma Gandhi y muchos otros no actuaron por sacrificio. Cada uno cumplió la misión que había aceptado con su encarnación. A cada una de estas grandes almas, su don les aportó felicidad.

Eso es lo que olvidaron enseñarnos sobre Jesús. Se puso énfasis en el sufrimiento de la crucifixión y su resurrección, lo que lo convirtió en un dios encarnado.

Quizás algún día descubriremos que no murió en la cruz. Que vivió una larga vida y enseñó en muchos países, que lo conocían bajo muchos nombres diferentes, que alcanzó un nivel de amor y felicidad que pocos seres humanos pueden imaginar, pero que todos pueden alcanzar dedicando una parte significativa de su tiempo a ayudar a otros a ser felices. Esto tal vez podría explicar mejor por qué los Evangelios fueron escritos casi cuarenta años después de su fallecimiento. El primer Evangelio, atribuido a Marcos, fue escrito alrededor del año 70.

A menudo he pensado: «Si Dios lo había salvado en el momento de su nacimiento, ¿por qué no iba a salvarlo cuando apenas estaba empezando su misión?».

¿Pagar las deudas para hacer que gire la rueda de la abundancia?

LIBÉRATE DE TUS DEUDAS

Algunas personas creen que porque el otro no les pide que devuelvan lo que le deben, no tienen por qué hacerlo. Nada más lejos de la realidad.

Uno de los principios de la riqueza es que debe circular. Sin embargo, una deuda es energía estancada que impide que la rueda de la abundancia gire. Por eso se dice: «El que paga sus deudas se enriquece y el que no las paga se empobrece».

Donde vivo, uno de los trabajadores me pidió más de una vez que le adelantara dinero de un futuro trabajo. Cuando llegó el momento de hacer el trabajo, no se aplicó tanto, ya que tenía la impresión de estar trabajando por nada, cuando ya le había pagado. Como la mayor parte del tiempo necesitaba dinero, terminé pagándole sin descontar lo que ya le había adelantado. Me di cuenta de que al hacerlo, no lo estaba ayudando, peor aún, lo mantenía en la pobreza, porque como era un préstamo que había pedido, seguía siendo un deudor. Ahora reservo pequeñas tareas de mantenimiento para estos casos, así si algún necesitado acude a pedirme dinero, siempre puede realizar algún trabajo a cambio de lo que necesita.

Cuando concedemos una suma de dinero a una persona para ayudarla a arrancar, es un préstamo. Si no devuelve nada una vez que puede permitírselo, está bloqueando la rueda de la abundancia.

Puede ser importante ayudar a otros a tomar conciencia de esto para que puedan librarse de sus deudas.

¿QUÉ ES UNA DEUDA?

Un préstamo no es una deuda si lo devuelves en los plazos acordados. Pero cuando el interés se acumula porque no lo puedes pagar, se convierte en una deuda.

¿CÓMO LIBERARSE DE LAS DEUDAS?

Si quieres liberarte de tus deudas, evita ampliar la fecha de vencimiento. A menudo he observado una tendencia de la gente a reconocer que experimenta dificultades económicas. Cuando reciben sus facturas por correo, no las abren y tratan de olvidarlas, hasta que se encuentran acorralados entre la espada y la pared por impago. O posponen continuamente el plazo del pago. No se dan cuenta de que al hacerlo están bloqueando la energía del dinero. Cuando hacemos esperar a otros para devolverles el dinero, la vida también nos hace esperar para darnos.

Cuando regresé de la India en 1988, tenía que devolver casi cincuenta mil euros. No era mi costumbre no pagar lo que debía, pero tenía mucho que aprender de esa experiencia. Había dejado un trabajo bien pagado; sin embargo, como no había trabajado unos días antes de irme para siempre, solo tuve derecho a un magro subsidio por desempleo. Cuando quería comprar algo y no podía permitírmelo, mi pareja me decía: «Cómpralo con la tarjeta de crédito. Cuando acabes con el crédito de la tarjeta, pide otra nueva».

Así es como terminé debiendo más de quince mil euros de las tarjetas de crédito. También estaban los préstamos bancarios que mis amigos me habían avalado para el centro que había creado y que tuve que cerrar.

Sabía que si no hacía frente a esos pagos, no habría arruinado ni a unos ni a otros. Me habría arruinado a mí misma, porque habría acumulado deudas cuyos intereses habrían seguido aumentando, incluso en términos de energía, hasta que los hubiera liquidado.

Estaba empezando una nueva vida, y lo primero que quería era liberarme de esas deudas.

Tomé una hoja de papel y anoté todo lo que tenía que devolver. Empecé con la deuda más pequeña, que era de unos dos mil cuatrocientos euros. Emití cinco cheques repartidos en cinco fechas próximas para cubrir esa cantidad. Envié un primer cheque por la cantidad que podía pagar, agradeciendo a la Energía divina por ayudarme a liberarme de esta deuda. Al hacerlo, activé la energía del dinero. Observé que estaba atrayendo el dinero para cubrir el primer cheque y envié el segundo cheque, y así sucesivamente. Cuando esa primera deuda quedó saldada, hice lo mismo con la siguiente, agradeciendo siempre a la Energía divina por la abundancia que recibí. En dos años, me había librado de todas mis deudas.

Un amigo me dijo que, a consecuencia de las dificultades de su empresa, tuvo que hacer frente a una auditoría fiscal que le reclamó una suma muy importante que no tenía manera de pagar. Fue al centro tributario y se ofreció a devolver el importe en cuotas de siete euros. La empleada pensó que se trataba de una broma de mal gusto, pues debía más de ciento veinte mil euros. La mujer lo mandó a su superior, al que mi amigo le contó su historia y le aseguró su intención de devolver hasta el último céntimo. El director se lo tomó en serio y aceptó su reembolso de siete euros.

Al reembolsar incluso una pequeña cantidad, activamos la ley de la abundancia. Sus actividades se reanudaron. Pagó lo que debía en menos de quince meses.

Para que la rueda de la abundancia gire para ti, no dejes nunca más cuentas pendientes ni acumules deudas.

HAZ CIRCULAR LA ENERGÍA ESTANCADA

Para ello, puedes hacer una gran limpieza en tus armarios. Todo lo que no has usado en años y que te empeñes en guardar, ya sea ropa, zapatos, sombreros, accesorios u otros objetos, mételo en bolsas grandes, y después escribe y lee estas palabras:

> El amor y la armonía llenan mi corazón y mi alma. Yo ofrezco estos bienes con alegría, y que las personas que los reciban también reciban mi fe en la vida y mi deseo de vivir en plenitud. Que este don se transforme en abundancia para mí y para todos aquellos que puedan beneficiarse. Acojo lo mejor a fin de poder ofrecer lo mejor de mí mismo. Doy las gracias a la Energía divina por todo lo que he recibido y por todas las riquezas con las que seré colmado.

A continuación, entrega las bolsas a una organización benéfica y olvídate de ellas. No te preocupes por cómo y cuándo volverá a ti. Experimenta solamente que dar es recibir.

Si tienes dinero guardado en el banco durante años para tu seguridad, toma parte de él para regalarte algo que realmente te agrade o para hacer feliz a una o más personas. Al hacer esto, estarás permitiendo fluir la energía.

Si quieres que tu negocio prospere, paga un diezmo dando un cheque a la iglesia local o a una organización benéfica y reza por su propia prosperidad y la de cada uno de tus empleados o socios.

DA LO MEJOR DE TI MISMO EN TODO LO QUE HAGAS

A los que dan lo mejor de sí mismos en lo que hacen nunca les falta trabajo. Si trabajas para una empresa o grupo, piensa en las demás personas que forman parte de esa empresa. Ten en cuenta que gracias a ellas tienes este trabajo y que lo que haces puede ayudar o perjudicar al conjunto. Asegúrate de que tu contribución sea beneficiosa para el grupo o empresa.

Cuando creas prosperidad para otros, eres el primero en beneficiarse.

DA UN PASO MÁS

Dar un paso más es dar más de lo que se nos paga por hacer. Un amigo mío tiene una agencia de viajes especializada en viajes iniciáticos.* En dos ocasiones, dirigí seminarios durante los viajes que había organizado para mí. Siempre dio más de lo esperado. Podría ser una cena-espectáculo antes de que los participantes regresaran a casa o una excursión muy interesante que no estaba incluida en el programa. Como resultado, los participantes sentían que habían recibido más de lo que habían pagado. Es una fórmula ganadora. En un momento en que muchas agencias de viajes estaban cerrando, su negocio florecía.

Da más de lo que se te paga, y verás cómo recibes los beneficios.

Lo he experimentado muy a menudo. Cuando trabajaba en el laboratorio de microbiología, pasaba el tiempo ayudando a los estudiantes en su formación. No me pagaban para hacerlo, pero me sentía feliz por ello.

Unos años más tarde, un nuevo hospital iba a abrir sus puertas. El puesto de jefe del departamento de microbiología era muy codiciado. Había cientos de personas que lo solicitaron, y lo conseguí yo. Ese paso extra que había dado se me había devuelto.

---

* Oasis Voyages - Expériences en conscience. contact@oasis-voyages.com.

Si sirves a un amo ingrato, sírvele aún más. Haz de Dios tu deudor. Cada golpe será devuelto. Cuanto más tiempo se retenga el pago, mejor para ti, porque el interés compuesto sobre el interés compuesto es la ganancia sobre el uso de esos fondos.

Ralph Waldo Emerson

Recuérdalo bien:

Cuando más necesitas recibir, es cuando más importante es dar.

Dad y se os dará; una medida buena, apretada y rebosante pondrán en vuestro seno. Porque con la medida con que midáis se os medirá.

Lucas, 6: 38

Capítulo 10

Desarrollo mi fe

Lo que he perdido confiando en los demás puede calcularse; pero lo que he ganado por ese mismo motivo es incalculable.

Gilbert Cesbron

Etimológicamente hablando, la palabra *fe* proviene del latín *fides*, y su equivalente griego *pistis* significa 'confiar'.

Los primeros teólogos cristianos, los Padres de la Iglesia, deseosos de establecer un diálogo con la filosofía de Platón y Aristóteles, se aseguraron de demostrar que estos dos grandes pensadores de la Antigüedad conocían la fe y la utilizaban en sus enseñanzas. Así que sustituyeron la palabra *religio*, usada habitualmente en las traducciones griegas y latinas, para designar la observancia de los ritos, la obediencia a los mandamientos y el respeto escrupuloso de las costumbres, por *fides*.

El creyente ya no era el que cree que Dios existe, sino que se convirtió, en esta nueva concepción, en el que cree en Dios, formulación intencionadamente repetida en los símbolos de la fe cristiana y retomada por san Agustín. Así es como, en el cristianismo, la fe se refiere a la «confianza en Dios». Sin embargo, ni Platón ni Aristóteles imaginaron que la fe tenía alguna dimensión religiosa, porque, desde su punto de vista, el religioso era más bien el que respeta y teme a las deidades.

En los Evangelios, aparecen diferentes pasajes donde Jesús usa esta palabra:

> Vete, tu fe te ha salvado [...].
> Hija mía, tu fe te ha salvado; vete en paz y sé sanada de tu maldad.
>
> Marcos, 5: 34

> Jesús se volvió y dijo cuando la vio: «Ánimo, hija mía, tu fe te ha curado». Y esta mujer fue sanada en ese mismo momento.
>
> Mateo, 9: 22

> Jesús le dijo: «Mujer, tu fe es grande; que se haga como desees». Y, a esa misma hora, su hija fue sanada.
>
> Mateo, 15: 28

> Pero Jesús dijo a la mujer: «Tu fe te ha salvado, vete en paz».
>
> Lucas, 7: 50

¿A qué fe hacía alusión Jesús? ¿A la fe en Dios?

Miremos hacia atrás, hacia la época de Jesús. ¿Afirmó ser de una religión en particular? ¿Es que no se había distanciado del judaísmo? Las autoridades religiosas judías consideraban que las enseñanzas de Jesús no concordaban con sus creencias bíblicas. Eran incluso tan perturbadoras que el Sanedrín decidió poner fin de manera radical y definitiva a su libertad de expresión. En cuanto al cristianismo, se convirtió oficialmente en religión en el siglo IV, bajo el Imperio romano.

En el tiempo en que Jesús vivió, la escritura no estaba muy extendida: el pensamiento se transmitía a través de la expresión oral. Los primeros relatos escritos que contaban los acontecimientos de su vida aparecieron por lo tanto cuando la multiplicación y dispersión de las comunidades cristianas los hicieron realmente necesarios.

Los Evangelios canónicos más antiguos, los de Lucas y Mateo, datarían del año 80, y los de Juan, más elaborados, de alrededor del año 90.

Solo dos evangelistas fueron apóstoles: Juan y Mateo. Marcos y Lucas son personajes relativamente secundarios. Marcos fue discípulo del apóstol Pedro y Lucas lo fue de Pablo.

No ha sobrevivido ningún original de los Evangelios. Las copias más antiguas datan del siglo IV.

El canon cristiano tardó unos cuatro siglos en formarse. Incluye los veintisiete escritos del Nuevo Testamento: cuatro Evangelios (Marcos, Mateo, Lucas y Juan), los Hechos de los Apóstoles, las epístolas de los apóstoles y finalmente el Apocalipsis de Juan.

Cuando Jesús usa la palabra *fe*, se une al pensamiento de los sabios de la Antigüedad, incluidos Platón y Aristóteles. Habla de esta fe que es capaz de mover montañas:

> Y Jesús les dijo: «Por vuestra incredulidad; porque de cierto os digo que si tuviereis fe como un grano de mostaza, diréis a este monte: pásate de aquí allá: y se pasará: y nada os será imposible».
>
> Mateo, 17: 20-21

Así pues, cuando Jesús se dirigió a esa mujer y le dijo: «Hija mía, tu fe te ha salvado; vete en paz y sé sanada de tu mal», ¿podría ser que quisiera decir: «Tuviste suficiente fe para creer que podías curarte, y esa fe te llevó a mí; ahora vete en paz y sé curada de tu mal»?

¿O pudiera ser que antes de conocer a Jesús estuviera perturbada por pensamientos o sentimientos que le creaban problemas de salud y que Jesús la ayudara a hacerse consciente de ellos y a recuperar su paz interior?

Personalmente, me inclinaría a creerlo, ya que ese es el trabajo que hacemos en metamedicina. Ayudamos a las personas a hacerse conscientes de la causa de su sufrimiento para que se liberen de la carga emocional que genera su afección. Una vez liberadas, recuperan su paz mental y sus cuerpos se curan. La fe en su capacidad de sanar juega un papel crucial en su curación. Te daré un ejemplo de ello.

Una participante en uno de mis seminarios me habló de su viaje de sanación. Se le diagnosticó linfoma de células del manto en estadio 4B, con un pronóstico de esperanza de vida de hasta seis años. Al principio, estaba horrorizada por la noticia, pero buscó otras vías terapéuticas. Alguien le habló de un gran médium de Francia y fue a verlo. Él la recibió con amabilidad, la escuchó, la llevó a preguntarse sobre la posible causa de ese cáncer y la animó a leer mis libros. Confirmó que se curaría y que incluso escribiría un libro sobre el tema. Ese médium le inspiró confianza, lo creyó y vino a verme en consulta. Hablamos sobre lo que la llevó a desarrollar ese cáncer. Era obvio para mí que sanaría, pero la mujer se marchó pensando: «No puede ser tan simple. No puedo curarme después de una sola consulta de dos horas». Ya había probado muchas cosas en medicina alternativa, así que pensó: «La partida no está ganada». Le hubiera gustado obtener resultados y como no los obtuvo, consideró que el hecho de entender la causa no había sido suficiente y confió en los tratamientos de quimioterapia que había rechazado anteriormente. Lo que el médium le había dicho, sin embargo, continuó condicionándola favorablemente y activando su energía de sanación. A pesar de todos los agresivos tratamientos que recibió, se curó y escribió un libro.

Me escribió para preguntarme si estaba de acuerdo con el prefacio. La causa de su linfoma estaba relacionada con su relación con su padre, con quien, a pesar de sus deseos, tenía que hacer lo que él quería, por lo que concluyó: «No puedo ganar». Ese era el patrón que recreó en sus relaciones interpersonales. El pensamiento de que nunca ganaba la partida la mantuvo en la creencia de que no podía ganar y que tenía que luchar. Por eso no obtuvo ningún resultado.

Le escribí lo siguiente:

> Si te hubieras curado justo después de conocernos, no habrías escrito ese libro. Porque, para escribirlo, debías abordar la cuestión. La buena noticia es que te dieron un pronóstico de seis años y que lo has sobrepasado. Así que **ganaste la partida**.

Ella me respondió:

> Estoy de acuerdo contigo: podría haberme curado después de conocernos, pero obviamente no estaba preparada. Creo que es porque **no podía creer que fuera tan simple**. Ahora sé que cambiar nuestros pensamientos y creencias cambia nuestra realidad. Y también he entendido que el cambio puede ser inmediato. Para mí no era en ese momento, porque me quedaba mucho camino por recorrer. No me arrepiento de nada de mi viaje, porque tengo la profunda sensación de que he transformado mi vida.

Uno puede imaginar fácilmente el efecto que un pronóstico sombrío puede tener en la actitud de una persona que lo recibe si, ante su entusiasmo por haber comprendido la causa de su afección, su médico le dice: «No debe ocultar la cabeza bajo el ala y pensar que está curado. Su cáncer continúa causando estragos y usted no puede esperar una remisión milagrosa».

Muchas personas en esta situación se dan por vencidas y piensan: «Estoy cansado de todo este tratamiento. Ya no creo en eso. Es mejor acabar con todo», y mueren en los días o semanas posteriores.

La fe es creer que es posible

La fe es libre, no puede ser condicionada por ningún dogma, no conoce ningún condicionamiento.

La verdadera fe no tiene nada que ver con una fe ciega que me exige creer porque todo el mundo a mi alrededor trata de convencerme o no me permite pensar de forma diferente.

De niña, asistía regularmente a la iglesia. En la misa, teníamos que recitar la oración «Creo en Dios...».

Estas palabras, para mí, no eran de ninguna manera una cuestión de fe, sino de lo que querían que creyera. Así que, repitiéndolas, podría haber dicho: «Me adhiero a la creencia de que Dios existe...».

Recuerdo que cuando llegó el momento de repetir: «Creo en la Iglesia, una, santa, católica, apostólica y romana. Reconozco un solo bautismo para el perdón de los pecados...», no pude pronunciar estas palabras, porque no me adhería a esa creencia. Para mí, no podía haber una sola iglesia. Si Dios lo era todo, también era el dios de los ortodoxos, protestantes, hindúes, musulmanes, etc.

Además, no se trata de decir «tengo fe» para obtener resultados. Tienes que sentirlo en todo tu ser y actuar en consecuencia. Una historia cuenta que un hombre muy religioso les dijo a todos los que lo rodeaban que siempre actuaba de acuerdo con su fe. Un día hubo un terremoto, y el suelo se abrió bajo sus pies, formando una profunda grieta. En su caída, se las arregló para aferrarse a la rama de un árbol. Al borde de la muerte, suplicó a Dios:

–Dios mío, ayúdame, ¡sálvame, por favor!

De repente, oyó una voz que le decía:

–¿Tienes fe?

–Sí, sí –contestó.

La voz añadió:

–Si tienes fe, ¡entonces suelta la rama!

Nuestro hombre levantó la cabeza al cielo y preguntó:

—¿Hay alguien más ahí arriba que pueda ayudarme?

Después de pasar varias horas suspendido de la rama, agotado y con los brazos doloridos, se resignó y se dijo: «Voy a morir de todas maneras, ahora o tras unas horas más de sufrimiento». Accedió a soltar la rama. Cayó de pie, un metro más abajo.

Esta sabia historia nos muestra que lo que nos hace aferrarnos a lo que conocemos es el miedo a lo desconocido. Ante lo desconocido, mi mente tiende a imaginar lo peor. Por su miedo a morir, el hombre no soltaba su rama, imaginando lo peor, cuando estaba a solo un metro del suelo.

Aseguraba que tenía fe, pero confundió su creencia religiosa con la verdadera fe.

Sin embargo, la una no excluye a la otra. Puedo creer en Dios y tener fe en las diferentes situaciones que me salen al paso.

Si este hombre hubiera tenido fe de verdad, habría estado seguro de que sobreviviría a esa prueba y habría soltado la rama. La fe nos permite superar las dudas cuando nuestros seres queridos nos dicen: «No es posible, no puedes hacerlo» o «Te creas ilusiones», o cuando un médico nos asegura: «Su enfermedad es incurable. Le queda poco tiempo de vida».

La verdadera fe excluye la duda

Se expresa a través de esta convicción: «No sé por qué, no sé cómo, pero sé que voy a lograrlo», «No sé cuándo ni cómo, pero voy a curarme», «Yo sé que me curaré».

Por eso la fe no se limita a querer, sino que tiene más que ver con nuestra capacidad de creer.

Hay un viejo adagio que dice: «¡Creer es poder!».

La fe, combinada con un intenso deseo que nos apasiona, moviliza nuestro subconsciente para materializar el objeto de nuestro deseo. Esto confirma las palabras:

Hágase en vosotros según vuestra fe.

Mateo, 9: 29

Las emociones que revelan fe, amor y deseo físico son las más poderosas. Juntas, tienen una muy intensa influencia en el proceso de la mente subconsciente, que dirige la respuesta concreta.

Napoleon Hill

La fe activa la ley de la atracción

Un participante en un seminario me dijo que cuando descubrió que sufría cáncer de nódulos linfáticos, tuvo mucho miedo a morir. Había depositado su fe en Nuestra Señora de Lourdes y le había prometido que si se recuperaba, dedicaría su vida a dar a conocer lo que le había ayudado a sanar. Tenía tanta fe en la Virgen María que dejó Lourdes convencido de que se curaría. Unos días después de eso, descubrió mi libro. Normalmente, no acepto participantes en mis cursos de formación antes de haber asistido a los seminarios básicos. Hice una excepción con él, y se curó.

Al igual que Jesús, podría haberle dicho: «Vete, tu fe te ha sanado. Queda en paz, ya no tienes que luchar».

¡Con fe, todo es posible!

Los sueños que te parecen imposibles se hacen posibles gracias a la fe.

La fe es comparable a los músculos. Si sostuviéramos a un bebé en un espacio restringido durante años, de niño no podría caminar. Para poder caminar, tendría que desarrollar su musculatura.

De la misma manera que cuanto más desarrollamos nuestros músculos, más fuerza física adquirimos, cuanto más usamos nuestras facultades reflexivas, más desarrollamos nuestra inteligencia.

Y cuanto más desarrollamos nuestra fe, más fuerza psíquica adquirimos, capaz de actuar a nivel de la ley de la atracción. Con esta fuerza, podemos materializar lo que queramos. Utilizada con un propósito constructivo y para el beneficio de otros, conduce al éxito y la felicidad. Utilizada para dominar a las masas, lleva al colapso.

Hitler y Gandhi son buenos ejemplos. Hitler conocía ciertamente esta fuerza, ya que usó un símbolo muy poderoso, la esvástica, que dio origen a la cruz gamada. La esvástica representa al universo en perpetuo movimiento de rotación alrededor de un punto fijo.

La cruz gamada se diferencia de la esvástica en que la primera está inclinada a cuarenta y cinco grados, en un disco blanco sobre un fondo rojo. En la ideología hitleriana, la cruz representa el combate, el disco blanco la «pureza de la raza aria», y el círculo rojo el pensamiento social, del que se declaraba garante el partido nacionalsocialista.

Hitler tenía esa fe, igual que Gandhi, y la usó para construir un imperio, pero esa fuerza se volvió contra él, y todo lo que había construido se derrumbó con él.

Gandhi, por su parte, la usó humildemente para liberar a la India. Fue asesinado, pero su trabajo continuó. Ha inspirado y sigue inspirando a millones de personas en todo el mundo.

Solo lo que se logra con amor permanecerá.

Cómo desarrollar nuestra fe para hacer realidad nuestros sueños

CORRER RIESGOS

Asume riesgos en la medida en que lo creas posible, incluso si no sabes de antemano qué sucederá.

Soñaba con ir a Asia, y especialmente a Japón. En ese momento, estaba trabajando en microbiología médica y me formaba como agente de viajes una vez a la semana. La agencia donde hice mis prácticas organizó un viaje a Asia con el tema «Tour d'Orient».

El nombre ya me hizo soñar y el programa aún más. Cuatro semanas en hoteles de cuatro y cinco estrellas, incluyendo visitas a Japón, la isla de Taiwán, Hong Kong, Tailandia, Singapur y, finalmente, una semana en Hawái.

Quería creer que sería posible, aunque no tuviera idea de cómo iba a poder permitirme un viaje así. Era un viaje para gente rica, pero yo no lo era. Yo era el sostén de la familia, y aunque ganaba un buen salario, tenía que pagar un préstamo estudiantil, el préstamo del coche, el alquiler, la custodia de mi hija... Pero realmente quería hacer ese viaje.

Me inscribí. Solo tenía el dinero del depósito inicial. Tenía siete meses para reunir la cantidad restante para cubrir los gastos del viaje. Era un viaje que comenzó tan pronto como me inscribí. Me informé sobre los lugares que íbamos a visitar. Preparé las maletas comprando poco a poco la ropa que me veía a mí misma vistiendo en Japón, Tailandia, Singapur...

Repasaba a menudo el folleto con el itinerario, absorbiendo imágenes, y ahorraba lo que podía para pagarme el viaje. Unos meses antes del pago final, me enteré de que nuestro sindicato había ganado nuestro caso y que yo iba a recibir un cheque de un poco más de cuatro mil euros para compensar las horas de guardia que no me habían pagado. Esa era exactamente la cantidad que necesitaba.

Cuando compartí mi proyecto con mi familia, me hicieron comentarios del tipo: «Es una locura, es demasiado dinero para unas vacaciones». Una de mis hermanas me dijo: «Con ese dinero, yo amueblaría toda mi sala de estar». No dejé que me influyesen sus palabras.

Fue uno de los viajes más hermosos que he hecho en mi vida, y conservo maravillosos recuerdos de él.

Las locuras son lo único de lo que nunca te arrepientes.

Oscar Wilde

Ese riesgo que había asumido me permitió desarrollar fe en mi capacidad para atraer lo que deseaba intensamente.

Correr riesgos acordes con lo que puedes creer y utilizarlos positivamente puede convertirse en una base para el desarrollo de la propia fe. El riesgo puede ser:

Comprar el artículo que realmente te gusta, en lugar de uno más barato que no te guste.
Pasarte del presupuesto con la convicción de que no te faltará de nada.
Ofrecerte algo que pensabas que no podrías ofrecerte.
Dejar un trabajo en el que ya no te realizas más para progresar en el camino que te apasiona.

¿Qué riesgo estás dispuesto a correr?

APOYÁNDOTE A TI MISMO

La fe necesita apoyo. Este apoyo puede ser nuestra confianza en Dios, en Alá, en Jehová, en Jesús, en María, en un santo, en una persona fallecida, en un mantra... La gente de la que habla el Evangelio ha puesto su fe en Jesús. Aquí tenemos un ejemplo:

> En esto, una mujer que hacía doce años que padecía de hemorragias se le acercó por detrás y le tocó el borde del manto. Pensaba: «Si al menos logro tocar su manto, quedaré sana».
>
> Mateo, 9: 20-21

Mi madre creía en san José. Cada vez que tenía preocupaciones, le rezaba, y sus problemas se resolvían.

Una de mis sobrinas puso su fe en mi difunta madre. Cuando necesita ayuda, le reza a su abuela, y se asegura de ser respondida.

Personalmente, pongo mi fe en la Energía divina usando este poderoso mantra:

> *Baba Nam Kevanlan, Param Pita Baba ki.*

Es un mantra que me dio a conocer uno de mis estudiantes. Desde entonces, he descubierto que es uno de los *mahamantras* universales más bellos y completos. Está en sánscrito y ha sido dado a la humanidad por Shrii Shrii Anandamurti. Significa:

> Confía todos tus problemas, todas tus preocupaciones o dificultades a la Divinidad en ti, y puedes estar seguro de que esa dificultad, ese problema será resuelto.

Lo he usado cientos de veces, y en cada ocasión he tenido resultados positivos. Les aconsejo a los participantes en mis seminarios que lo utilicen, y todos ellos me confirman una y otra vez que logran los resultados deseados.

Podemos tener varios apoyos; sin embargo, es mejor elegir uno en lugar de varios, porque cuando obtenemos resultados positivos, aumenta nuestra fe en ese apoyo, y cuanto más grande es nuestra fe, más positivos son los resultados.

He aquí un pequeño ejemplo: me esperaban en mi seminario. Mientras conducía por el camino para llegar a la carretera que se suponía que debía tomar, un coche averiado bloqueó la salida. La conductora no podía mover su vehículo. En lugar de enfadarme, me calmé y canté: «*Baba Nam Kevanlan, Param Pita Baba ki*». Unos minutos después, llegó un hombre. Le pidió a la conductora que pusiera la palanca de cambio en punto muerto y empujó su vehículo para despejar el camino. Llegué a tiempo para mi seminario.

Y tú, ¿en quién o en qué depositas tu fe?

PROYECTARSE EN LO QUE SE DESEA LOGRAR

Una saltadora de trampolín de Quebec, medallista de oro en los Juegos Olímpicos de Los Ángeles,* fue invitada por una conocida presentadora a un programa de televisión en Quebec. La presentadora le preguntó:

> –Sylvie, ¿qué crees que te permitió llevarte esta bonita victoria? Más allá del entrenamiento, ¿había algo que otros ignoran?
> –Ahora que he ganado, estoy dispuesta a compartir mi secreto contigo. Creé una imagen mental de mi victoria. Podía verme en el podio y escuchar el himno nacional de Canadá. Cada vez que entrenaba, visualizaba esta imagen. Cuando las cosas no iban bien, en lugar de desanimarme, cerraba los ojos y me concentraba emocionalmente en esta imagen. Cuando recibí mi medalla de oro, ya la había visto cientos de veces en mi cabeza.

Casi todos los campeones utilizan la visualización creativa. Un gran un jugador de *hockey* sobre hielo dijo que antes de cada partido importante, iba a la pista, la miraba y se veía marcando tantos.

* Sylvie Bernier.

Billie Jean King, campeona de tenis, reveló que antes de cada partido importante, pasaba la noche sentada en un sillón y visualizaba el partido, imaginando cada saque o devolución de su oponente. Así que, cuando se encontraba en la pista, su mente estaba preprogramada para estar preparada ante cualquier eventualidad, sin importar lo que ocurriera o el juego de su oponente.

Una imagen visualizada continuamente acabará materializándose.

Al igual que Sylvie Bernier, yo también creé una imagen mental del sueño que acariciaba. Me vi a mí misma al final de una conferencia que acababa de dar, me sentaba a una mesa y veía una fila de personas que venían una tras otra pidiéndome que les firmara mi libro.

Cuando creé esta imagen mental, nunca antes había dado una conferencia, ni siquiera había escrito un solo artículo. Sin embargo, seis años después, esta visualización se materializó. Estaba presentando mi primer libro. Una larga fila de gente hacía cola para que les escribiese una dedicatoria. Había visualizado esa imagen cientos de veces.

Cualquier pensamiento que se repite constantemente en la mente subconsciente es finalmente aceptado.

Napoleon Hill

BASARNOS EN NUESTRAS EXPERIENCIAS DE ÉXITO

Cuando hayas usado tu fuerza creativa para una experiencia y hayas tenido éxito, puedes repetirlo.

Así es como usé mi fe, apoyándome en mis experiencias exitosas.

Acababa de regresar de la India. No tenía trabajo ni dinero en el banco. Era una ciudad que no conocía. Un amigo me había acogido en su casa. Al día siguiente, empecé a buscar una vivienda. Fui en coche para conocer la zona en la que me gustaría ir a vivir. Vi un hermoso edificio que me agradó y le pregunté si había algún apartamento libre para alquilar en el edificio a un hombre que salía de él en ese momento.

–Estos son condominios.* No hay apartamentos para alquilar. Pero estoy pensando en vender el mío. ¿Le gustaría visitarlo?

–¡Con mucho gusto! –respondí, sabiendo muy bien que no tenía dinero para comprarlo.

Su apartamento era exactamente lo que yo necesitaba, y el edificio tenía una sala que los propietarios podían usar para albergar grupos.

Me imaginé con bastante facilidad en un apartamento similar en ese mismo edificio. Le dije que lo necesitaba con rapidez.

Me dio el número de la responsable de ventas y la llamé para saber si alguno de los propietarios la había informado de que deseaba alquilar su propiedad.

–¡Ha tenido suerte! –me dijo–. Es muy raro que alquilemos estos apartamentos. Esta mañana, recibí una llamada de uno de los propietarios, que se mudó a Toronto por su trabajo. Él no quiere vender y me preguntó si querría ocuparme de su alquiler.

–¿Cuándo puedo trasladarme?

–Este fin de semana si el apartamento es adecuado para usted. Ya está disponible.

Ese apartamento era igual que el que yo había visitado. Firmé el contrato de alquiler sin haber empezado a trabajar. Confié en mi fe en la vida. Me dije a mí misma: «Si estando en el fin del mundo, cuando no tenía ni un céntimo, nunca me faltó comida ni refugio, puedo confiar: no me faltarán nunca». Me trasladé a la semana

---

* *Condominio* o *condo* es un término utilizado en Canadá para designar a un apartamento en un edificio de copropiedad.

siguiente y mis actividades se reanudaron. Podría decir que me cité con la suerte.

Me quedé en ese apartamento durante un año porque estaba orientado al noreste y me faltaba sol. Quería uno soleado.

Hice mi petición al universo, especificando que, esa vez, quería un apartamento muy soleado donde solo tuviera que poner mis muebles.

Una vez más, me encontré con el dueño de un condominio que había comprado un apartamento para hacer una inversión, sabiendo que con el paso de los años aumentaría su valor.

Era un ático nuevo orientado al sur. Me lo ofrecieron por doscientos cincuenta euros más que el que había alquilado. Pensé: «Si he conseguido atraer el dinero para el anterior, atraeré más para pagar este». Mi fe se basaba el mi éxito que había logrado hasta entonces.

Cuanto más experimento la realidad de la ley de la atracción, más aumenta mi fe; y cuanto más aumenta mi fe, más me atrevo a correr mayores riesgos.

También viví allí durante un año, hasta que me di cuenta de que con lo que me costaba ese ático más el alquiler de las salas que estaba usando para dar mis seminarios, podría invertir en una casa que reuniera tanto mi hogar como mi lugar de trabajo.

Busqué un terreno. Encontré uno en la parte superior de una colina con vistas a los lagos, a solo treinta minutos de la ciudad de Quebec. Cuando conocí al promotor, le pregunté cómo podría comprar el terreno:

–Me paga un depósito –dijo–. Luego, al cabo de dos meses me pagará la mitad, y el resto cuando firme en el notario.

–¿A cuánto asciende el pago inicial?

–Quinientos euros.

Sonreí. Eso era todo lo que tenía en mi cuenta de ahorros. Firmé la oferta de adquisición.

Luego dibujé los planos de la casa en la que pensaba vivir y fui a ver a un arquitecto. No tenía dinero para pagarle. Le sugerí que le firmaría cheques con fecha posterior. Confió en mí y aceptó.

A continuación tomé los planos y fui a hablar con el director del banco donde había comprado el terreno, pero me negó el préstamo, con el pretexto de que, aunque mi cuenta había tenido crédito desde hacía dos años, antes había sido deudora. Me pregunté si debería posponer mi proyecto de construcción.

Al día siguiente, cuando estaba a punto de irme a dar una conferencia, la puerta del garaje del edificio donde vivía no se abría. Tuve que tomar un taxi para llegar.

Busqué lo que esa situación quería hacerme entender. Y comprendí el mensaje: «Abre la puerta, los demás te necesitan».

Así que fui al banco con el que había estado tratando durante dieciocho meses. Me presenté al director, le mostré mi primer libro, que era un éxito de ventas, y le informé que estaba a punto de ser publicado un segundo libro. Y añadí:

–Invertiré cincuenta mil euros en la construcción.

Él respondió:

–Ah, si está dispuesta a poner cincuenta mil euros, le concederé el préstamo encantado.

No le dije cuándo, ni yo misma lo sabía. Pero estaba actuando con fe.

Con el dinero que me prestó, pude terminar de pagar el terreno, arreglar cuentas con mi arquitecto y empezar a trabajar en la construcción. Salió mi segundo libro y fue un gran éxito. Mis conferencias y seminarios siempre estaban llenos. Esto me proporcionó el dinero que necesitaba para completar los trabajos de la casa.

Sin mis experiencias exitosas anteriores, nunca me hubiera atrevido a correr tales riesgos, pero la fe que había adquirido a través de cada una de esas experiencias me animó a ser más audaz.

CREAR LA NECESIDAD

En las experiencias que acabo de describir, podemos observar que en cada ocasión había creado una necesidad. Necesitaba un apartamento para volver a empezar. Necesitaba un apartamento soleado. Necesitaba una casa para estar cómoda y poder recibir a mis grupos.

La naturaleza odia el vacío. Si limpiamos un pedazo de tierra pero no sembramos nada, tendremos malas hierbas. Lo mismo puede aplicarse a nuestras vidas: si tenemos un proyecto pero no lo llevamos a cabo, es posible que alguien más termine quitándonos la idea y haciendo que funcione.

Vamos a detenernos por un momento en esta necesidad.

¿Es esta una necesidad para ti o para alguien más? ¿Es esto lo que realmente quieres o es un deseo de competir con alguien cercano a ti? ¿Es necesario tener en cuenta a la persona que comparte tu vida?

Después de haber construido la casa de mis sueños, conocí al hombre que se convirtió en mi segundo marido. Acordamos que viviríamos en mi casa. Un tiempo antes de que se mudara, nos invitaron a la República Dominicana. Un par de canadienses habían alimentado el sueño de construir el pequeño y encantador hotel donde iba a dar un seminario, y lo habían hecho realidad.

Uno de sus socios construía apartamentos. El hotel se encargaba luego de alquilar los apartamentos de los propietarios que lo desearan durante su ausencia. Era una fórmula ganadora para todos, ya que el dinero del alquiler podía amortizar parte del precio de compra, sin incluir la plusvalía a lo largo de los años. Los hoteleros también ganaban, ya que les permitía tener más huéspedes manteniendo un número mínimo de habitaciones.

Nos invitaron a visitar uno de esos apartamentos. Me enamoré del sitio desde el principio. Hablé de ello con mi compañero, que me respondió:

–No tenemos dinero para comprar este apartamento.

–¿No está tu casa en venta?

–Sí, pero eso no significa que vaya a venderse rápidamente. Hay varias a la venta en la zona, tendría que ser muy afortunado.

Yo le interrumpí y le pregunté:

–¿Tienes fe?

Miró al cielo, como diciendo:

–¡Y esta, con su fe!

No podía decir por qué, pero sabía que al crear la necesidad estábamos destinados a atraer lo que necesitábamos.

Le pedí que se arriesgara. Así que firmamos la oferta de compra. El mayor riesgo que corríamos era perder el depósito.

Regresamos el domingo. El lunes por la mañana, llamó alguien para visitar la casa. Rápidamente preparé un contrato de compraventa. Al final de la visita, esa persona y mi compañero lo firmaron.

Yo había creado la necesidad, había actuado con fe; sin embargo, no era la necesidad de mi compañero. El apartamento de República Dominicana se convirtió en una fuente de conflictos entre nosotros. Menos de un año después, lo revendimos. Unos años más tarde, compré otro, esta vez sin que él tuviera que invertir.

¿HAY ALGUNA NECESIDAD QUE TE GUSTARÍA CREAR?

Si es así, ¿cuál? Escríbela. Escribe lo que necesites y confía en la Energía divina, agradeciendo ya la realización de tu proyecto.

Prepararse para recibir lo que hemos pedido

Algunos agricultores vieron sus cultivos amenazados por una grave sequía. El sacerdote del pueblo los invitó a rezar con fe para que cayera la lluvia. Al día siguiente, asistieron a misa. El sacerdote los vio entrar en la iglesia. Cuando todo el mundo había ocupado su sitio, les preguntó:

–¿Habéis rezado con fe?

–Sí –respondieron, todos al unísono.

–No, no lo hicisteis con fe. No he visto a nadie entrar con un paraguas.

Nadie estaba listo para recibir la lluvia.

Prepararse para recibir lo que se ha pedido es actuar como si lo que pediste ya está de camino hacia ti. Por ejemplo:

- Pedí poder hacer un viaje que me apasiona, y ya estoy haciendo la maleta que me llevaré conmigo.
- Quiero vender mi apartamento o mi casa, por lo que debo elegir entre lo que quiero conservar y lo que ya no quiero, y empiezo a llenar cajas.
- Deseo encontrar un trabajo, así que me compro ropa que me veo llevando en ese nuevo trabajo.
- Quiero compartir mi vida con un nuevo compañero, y le hago un poco de espacio en mis armarios.

Cuando tomé la decisión de escribir mi primer libro, tenía dudas. ¿Estaría a la altura de la tarea? ¿Sería capaz de transmitir todo lo que quería compartir con mis lectores? Esas dudas, esos miedos, bloquearon mi inspiración. Pero pensé para mí: «Al menos escribe el título». Sabía que al situarme en la energía de la persona que quería ser, me ayudaría. Así que me repetí: «Piensa como una escritora, camina como una escritora, come como una escritora» (incluso aunque no supiera lo que podría comer una escritora).

Esto tuvo un efecto positivo y me ayudó a alcanzar mi sueño. Este primer libro se convirtió rápidamente en un éxito de ventas y me animó a continuar.

Mi padrastro soñaba con retirarse a orillas de un lago. Unos años antes de jubilarse, comenzó a hacerse construir la casa de sus sueños cerca de un arroyo. La construcción terminó cuando se retiró. Una vez terminada la casa, no tenía más planes y pensó que era un inútil. Como resultado, desarrolló problemas de próstata. Lo operaron y, durante su estancia en el hospital, le diagnosticaron cáncer de pulmón. Murió unos meses después.

Había soñado con esa casa a orillas del lago, pero no se había preparado para vivir allí.

¿Estás listo para recibir lo que pediste? De lo contrario, ¿cómo podrías prepararte para ello?

La ley de la vida es la ley de la creencia. Creer es aceptar sinceramente algo como verdadero. Cree en la vida abundante, en la vida feliz, en la vida llena de éxito, y vive en la alegre expectativa de lo mejor; invariablemente, lo mejor vendrá a ti.

Dr. Joseph Murphy

Capítulo 11

Vivo en la gratitud

La gratitud nos abre las puertas de la abundancia.

A principios de la treintena, mantenía una perspectiva triste acerca de mi vida, no viendo más que vacíos.

Pensaba: «No tuve padre, tuve una madre, pero ella nunca estuvo allí, y un hermano que me aterrorizaba...». Cuando viví en casa de mis abuelos, mi primo, que creció con ellos, me decía: «Vuelve a tu casa». Y cuando me fui a vivir con mis hermanos y hermanas, me dijeron: «Vuelve a casa de la abuela...». Tenía la sensación de que mi casa no estaba en ninguna parte.

Además, pensé que tampoco me iba mucho mejor en mis relaciones emocionales, y reflexioné para mí misma: «Cuando los amo, ellos no me quieren, y cuando no me gustan a mí, les gusto a ellos...».

Solo veía lagunas en mi vida, considerándome muy desgraciada, y eso me deprimía. Cuando me sentía abandonada, caía en una depresión.

Pero un día empecé a cambiar mi perspectiva sobre los diversos acontecimientos de mi vida: pasé más bien a apreciar todo lo que había recibido.

Es cierto que no tuve un padre, pero tuve unos abuelos que me quisieron mucho. A mi abuela le encantaba mi compañía, nos cocinaba una comida muy rica, jugaba con nosotros... Cuando vivía con mi familia, me telefoneaba para decirme que me había preparado mi sopa favorita o me proponía que la acompañara al bingo o en un viaje.

Es cierto que mi madre trabajaba mucho, pero era muy valiente. Trabajaba de la mañana a la noche para que no tuviéramos que mendigar nuestra comida o ropa. Sí, había tenido frío las mañanas de invierno, porque por la noche, por miedo a un incendio, mamá apagaba la pequeña estufa de aceite, que volvía a encender en cuanto se despertaba. Pero siempre se aseguraba de que estuviéramos bien tapados.

Es cierto que nunca nos tomaba en brazos porque a ella nunca la habían tomado en brazos, pero nos mostró su amor a través de la buena comida que nos preparaba. La poca atención que me hubiera gustado que me prestara me la ofrecía haciendo una pequeña tartaleta solo para mí con el resto de la masa del pastel que estaba preparando. Siempre que podía satisfacía mis deseos.

Es cierto que tenía la sensación de que debía confiar solo en mí misma, pero tuve la suerte de haber sido siempre libre. Libre de ir a la iglesia o no, de peinarme como quisiera, de vestirme como deseara, de salir con los amigos que me gustaban, de estudiar lo que quisiera, de casarme con el hombre de mi elección... ¿Cuántas personas en esta tierra pueden decir lo mismo?

De niña no veía todo esto, solo veía lo que quería recibir y lo que no tenía.

Al cumplir los treinta y siete años recibí una llamada que me invitaba a no aferrarme al centro de crecimiento personal que había abierto dos años antes y que permaneciese disponible. Esto fue lo que me hizo emprender un viaje que fue una verdadera iniciación.*

En aquel viaje, me encontraba en el sur de la India, en el *ashram* del maestro Sathya Sai Baba, en Puttaparthi. Mientras dormía en el suelo y pensaba: «¿Qué daría por una buena cama con un colchón grueso, sábanas y una almohada blanda?», me di cuenta de que desde mi infancia siempre había dormido en camas cómodas, sin siquiera pensar en agradecer dicha comodidad. Entonces pensé: «Agradeceré tener una buena cama toda la vida».

De repente me di cuenta de la frecuencia con la que me había quejado de lo que no tenía, en lugar de agradecer lo que poseía o había poseído.

Tras mi regreso de la India, descubrí el poder de la gratitud. Di mis primeras veladas informativas en una sala que podía usar en el edificio al que me acababa de trasladar. La primera velada, aparecieron seis personas. Agradecí su presencia y les di lo mejor de mí misma. A la segunda noche, llegaron doce, y cada vez daba las gracias. Y luego esa sala dejó de ser lo suficientemente grande. En cada ocasión, lo agradecí y observé que el número de asistentes iba en aumento.

Agradecí el lugar donde vivía, agradecí el coche que estaba usando, la gente con la que podía contar, mis hijos, mis amigos... Estaba agradecida por los alimentos que tomaba, todo lo que podía permitirme, el dinero que tenía en mi cartera o en el banco...

Cuanto más agradecida estaba dando lo mejor de mí misma a los demás, más recibía.

Gente que no conocía el estado de ánimo que estaba cultivando pensó que había nacido bajo una estrella de la suerte. Mi propia madre me dijo: «Tú, tú tuviste mucha suerte, comparada con tus hermanos y hermanas».

* La autora relata este viaje en su libro *Ma vie pour la Lumière*.

La gratitud nos pone bajo una buena estrella que otros llaman «suerte».

La gratitud mejora nuestras relaciones con los demás

¡Cuánta gente he podido conocer durante más de treinta años que mantenían un conflicto con uno de sus padres!

Al igual que con un disco rayado, solo oían el ruido de la raya en el disco, que enmascaraba la bonita música que contenía.

Esa raya era el recuerdo de una herida emocional. Es asombroso notar que cuando una persona se libera de su lesión, vuelve a oír la melodía.

Esta melodía puede ser el recuerdo de esos nueve meses pasados en el vientre de nuestra madre en los que manteníamos una complicidad perfecta. Pueden ser esos primeros momentos en los que nuestros padres nos vieron, nos tuvieron en sus brazos, nos alimentaron, se levantaron por la noche para cuidar de nosotros. Puede ser su asombro ante nuestros primeros pasos, la primera vez que dijimos «mamá» o «papá», su preocupación cuando estábamos enfermos...

Una de las participantes en mis seminarios me dijo que no se sentía entendida por su padre. Le dolió que le interesara tan poco lo que a ella le apasionaba. Le pregunté:

–¿A qué se dedica tu padre?

–Fabrica tuberías para calderas.

–¿Y a ti te interesan las tuberías? –Ella hizo una mueca–. ¿Y pretendes que se interese por lo que a ti te apasiona?

De niño, nos inclinamos a creer que nuestros padres están obligados a cuidarnos, a alimentarnos, a educarnos... No nos damos cuenta de lo muy desagradecidos que podemos llegar a ser con ellos. Necesitamos adquirir una cierta madurez para entenderlo.

La ingratitud es a la inmadurez lo que el reconocimiento es a la madurez.

Esta ingratitud no puede hacernos felices. Podemos huir de parte de nuestras vidas, en el trabajo, en los viajes, en las actividades, pero sentimos en lo más profundo de nosotros un vacío, un sentimiento de carencia.

Una joven mantenía un conflicto con su madre, a la que no había visto en años. Se quejaba con una de sus tías de la difícil situación en la que se encontraba. Había perdido a su pareja, luego su trabajo y, al no poder pagarla, estaba a punto de ser desahuciada de su vivienda. Su tía quería ayudarla y se lo contó a un amigo que alquilaba apartamentos. En un gesto de generosidad, este accedió a proporcionarle uno hasta que pudiera encontrar trabajo. Su tía pagó los gastos del traslado. Una vez que sus muebles y cajas estaban ya en el nuevo apartamento, le expresó su insatisfacción a su tía: «Ese lugar es un verdadero nido de ratas. ¡Nunca viviré allí!». El apartamento no era lujoso, pero era habitable.

La gratitud y el lamento no pueden coexistir; la primera cesa cuando aparece el segundo.

¿Podía ese comportamiento motivar a la tía para seguir ayudándola? Lo mismo ocurre con la vida. Si no podemos estar agradecidos por lo que la vida nos da hoy, no recibiremos nada mejor y podremos incluso llegar a sentir que no nacimos con buena estrella.

Y a ti, ¿te ha faltado reconocimiento?

¿Hacia quién? ¿Hacia qué? ¿Por qué razón?

MOSTRAR AGRADECIMIENTO A NUESTROS SERES QUERIDOS MEJORA NUESTROS INTERCAMBIOS INTERPERSONALES

Nuestros padres pueden no habernos querido como nos hubiera gustado y tal vez nos hayan transmitido sus propias insatisfacciones, cóleras, preocupaciones... Pero sea como fuere, nos han dado la vida.

La vida es una oportunidad, la vida nos permite despertar nuestra consciencia para alcanzar la felicidad.

No es raro escuchar a los adolescentes decir que preferirían no haber nacido. La adolescencia es una etapa difícil para muchas personas. Muchas no se sienten queridas, ni comprendidas, pero esta transición de la infancia a la edad adulta no es más fácil para los padres, que ya no saben cómo actuar con su hijo adolescente, que a veces es dependiente y a veces se rebela. Esa es la razón por la que muchos padres se distancian de sus hijos adolescentes, haciéndoles creer que son indiferentes a aquello por lo que están pasando.

La vida no es fácil cuando te encuentras en un estado mental negativo, pero cuando entablas amistad con ella, se vuelve más ligera. Aprendes a apreciarla por cada pequeño momento de alegría que experimentas, y estos momentos son cada vez más numerosos. Es entonces cuando descubres que la vida es maravillosa y que vale la pena vivirla.

Darles las gracias a nuestros padres mejora nuestra relación con ellos y a nosotros nos permite descubrir cuánto nos quieren.

Muchas personas critican a los gobiernos pero olvidan a estos millones de hombres y mujeres que trabajan todos los días de la mañana a la noche en las oficinas o en las carreteras, dando lo mejor de sí mismos. Gracias a ellos podemos beneficiarnos de la calidad de vida que disfrutamos en nuestras sociedades industriales.

¿Alguna vez has pensado en ellos?

Si sabemos leer, escribir, contar, reflexionar, y si sabemos tanto, es gracias a la dedicación de los maestros que hemos tenido y de los autores que comparten con nosotros los frutos de su imaginación, su inspiración o su investigación. Ellos son los que nos permiten aumentar nuestros conocimientos, divertirnos o superar nuestras dificultades... También son nuestros guías espirituales, que nos acompañan en el camino de nuestra evolución, que nos guían hacia el libro, la película o la persona que puede ayudarnos en un momento particular de nuestras vidas.

¿Puedes sentir gratitud por cada uno de estos maestros?

También podemos pensar en todos aquellos camioneros que pasan gran parte de su vida en sus camiones para que podamos encontrar todos esos productos y alimentos frescos en los estantes de nuestros supermercados.

¿Has pensado alguna vez en agradecérselo?

Podríamos pasarnos la vida dando las gracias, porque hay mucha gente en este mundo que contribuye a nuestro bienestar, gente que no conocemos y que puede que no lleguemos a conocer nunca. La ropa que llevas puesta ahora mismo puede haber sido confeccionada por una costurera en China y transportada por marineros filipinos que se han enfrentado a tormentas en el mar para llevarla a tu país.

¿ALGUNA VEZ HAS PENSADO EN ESTAS PERSONAS? ¿ALGUNA VEZ HAS PENSADO EN ELLAS CON GRATITUD?

En una sociedad de consumo como la nuestra, parece normal conseguir todo lo que necesitamos con bastante facilidad, pero ese no es el caso de la gente afectada por guerras, terremotos o huracanes que lo han devastado todo. Tal vez valdría la pena apreciar mejor lo que tenemos para evitar que un día nos encontremos en una situación precaria.

Un inmigrante ilegal africano que vivía en Italia estaba siendo entrevistado y le preguntaron qué pensaba de los italianos. Respondió: «¡Los italianos son una mierda!».

Sin embargo, fueron los guardacostas italianos quienes le salvaron la vida cuando el barco improvisado en el que había atravesado el mar se estaba hundiendo. Eran italianos quienes trabajaban y pagaban impuestos para darle un techo que lo cobijase. Tal vez no estaba recibiendo la comida que hubiera querido comer, pero no se moría de hambre.

¿Dónde estaba su gratitud para con los italianos?

¿Cuál ha sido tu nivel de gratitud hasta ahora?

LA IMPORTANCIA DE EXPRESAR NUESTRA GRATITUD

Mucha gente piensa bien de los demás, pero no se toma la molestia de expresárselo.

La mayoría de las personas van a restaurantes y no se les ocurre darles las gracias al cocinero y a sus ayudantes, que prepararon esa comida para ellos. Lo hago siempre que es posible y lo amplío a quienes me la sirven. Observo que, a menudo, estas personas se sorprenden, como si fuera muy raro que alguien se tomara el tiempo para hacerlo.

Cuando voy a un hotel, antes de irme, me aseguro de facilitar el trabajo de la persona que se ocupa de la limpieza: es una manera de mostrarle mi consideración, además de dejarle una nota con una propina. También doy las gracias por la habitación de la que pude disfrutar antes de irme.

> El agradecimiento se expresa mejor a través de la actitud y las acciones que de las palabras. Pero si el pensamiento está en el corazón, vale la pena expresarlo.
>
> Tesalonicenses, 5: 18

¿Cuándo fue la última vez que le expresaste tu gratitud a tu cónyuge, a uno de tus padres, a tu jefe, a tus compañeros de trabajo, a tus empleados?

Apreciar lo que los demás hacen por nosotros no es solo dar las gracias.

Por ejemplo, cuando un niño recibe un regalo, sus padres le recuerdan: «¿Qué se dice?», y el niño debe responder: «Gracias». Este «gracias» es a menudo una fórmula de cortesía, incluso si la intención de los padres era enseñarle a su hijo el reconocimiento. Los padres podrían ayudarlo a expresar mejor su satisfacción diciéndole, por ejemplo:

–¿Te ha gustado el regalo?

–¡Sí!

–¿Cómo podrías expresar tu gratitud al abuelo por este regalo?

Es posible que el niño vaya a abrazar a su abuelo por iniciativa propia... Esta acción no es una fórmula de cortesía, sino una acción que demuestra su satisfacción.

Una señora tenía un jardinero que vivía en una habitación. Cuando estaba a punto de casarse, la habitación resultó ser demasiado pequeña para la pareja. La señora tenía un bonito pabellón al lado de su residencia que reservaba para sus amigos. Para ayudar a la joven pareja a iniciarse en la vida, puso a su disposición su bonito pabellón sin pedirles nada. Después de unos años, la señora se dio cuenta de que su pabellón estaba en muy malas condiciones. Estaba molesta porque no habían cuidado de su propiedad y decidió recuperarla y renovarla.

¿Habían demostrado agradecimiento el jardinero y su esposa al no haber cuidado el pabellón? Tuvieron que buscar un nuevo hogar, que no era tan hermoso y cómodo como el que habían disfrutado. Además, tenían que pagar el alquiler además del gas, el agua y la electricidad, mientras que antes todo era gratuito.

Esto me recuerda la historia de Adán y Eva, expulsados del paraíso terrenal. ¿Tiene algo que ver con la capacidad de apreciar lo que tenemos? La crítica, la falta de reconocimiento ¿nos llevarían a experimentar situaciones desagradables, la pérdida, la bancarrota, el fracaso, a fin de aprender la importancia de la gratitud?

No podemos abrir la puerta a la felicidad y la abundancia permaneciendo en la crítica, el lamento y la ingratitud.

La ley de la gratitud es simple: cuanto más agradecidos estemos por lo que ya tenemos, más y mejor recibiremos. Por el contrario, cuanto menos agradecidos estemos por lo que tenemos, más se deteriorará la situación por la que atravesamos.

Cuidar de nuestros cuerpos significa estar agradecidos a nuestro creador.

Cuanto más nos cuidemos a nosotros mismos y a nuestro cuerpo, más nos mantendremos con buena salud y más tiempo podremos vivir.

¿Qué significa cuidar tu cuerpo? Significa aprender a escucharlo, a respetar sus necesidades, a comprender sus señales. Por ejemplo, descubrí que la mayoría de las personas con esclerosis múltiple tendían a forzar hasta el máximo lo que sus cuerpos podían soportar, negando lo que sentían y desafiando lo que pensaban que podían hacer. Un día, sus cuerpos les dijeron: «ALTO, yo así no sigo adelante». Luego llegaron los medicamentos con su cortejo de efectos secundarios. Los medicamentos pueden ser una solución a corto plazo, pero a largo plazo pueden llevar a otras complicaciones, que requerirán a su vez otros medicamentos.

Un hombre me dijo: «Antes de los cincuenta y cinco años, nunca había estado enfermo, hasta que me convencieron de que me pusiera la vacuna contra la gripe. Como resultado, entré en un ciclo de afecciones que no se acaba nunca».

¿No habría sido mejor arriesgarse a contraer una buena gripe que habría estimulado de manera natural su sistema inmunitario, en lugar de que le administrasen una vacuna que contiene metales pesados y que solo ataca y debilita su sistema inmunitario?

Una participante de uno de mis seminarios en Francia nos había enseñado una canción que decía: «Cada pequeña célula de mi cuerpo está bien, y soy feliz...». La hemos transformado de modo que ahora se nombran nuestros órganos. Por ejemplo: «Cada pequeña célula de mi corazón está bien, y yo soy feliz...». Esta cancioncilla es una forma de gratitud que expresamos a nuestro cuerpo, y es fácil ver los beneficios. Si estamos enfermos, puede activar la energía curativa en nosotros.

También podemos agradecer a cada uno de nuestros sistemas (respiratorio, digestivo, circulatorio, excretor, glandular...) o simplemente dar las gracias por digerir bien, eliminar bien, dormir bien... Esta gratitud por nuestro cuerpo fomenta la buena salud.

Cuidar de nuestra casa y ofrecerle nuestra gratitud nos mantiene protegidos.

Vivo en una isla que suele verse afectada por los huracanes. ¡Cuántas veces he comprobado con asombro que después de que un huracán golpeara dos propiedades vecinas, la propiedad mejor mantenida apenas sufrió daños, mientras que la otra, menos cuidada, había sufrido muchos más destrozos!

Mantener nuestra casa en las condiciones adecuadas y darle las gracias es, por lo tanto, una forma de protección. Para convencerse, basta con observar cómo una casa que no está habitada se deteriora más rápidamente que una casa habitada. La materia no es inerte, está viva.

Esta verdad también puede aplicarse a nuestro vehículo. Cuanto más lo cuidemos, menos reparaciones necesitará y más tiempo podremos mantenerlo en buenas condiciones. En un concesionario de automóviles me dijeron: «Cuando un cliente quiere venderme su vehículo, solo tengo que mirar dentro para hacerme una buena idea de cómo es el propietario y de cómo lo mantiene». También puedes darle un nombre a tu casa y a tu coche; eso expresaría tu consideración.

Cuidar es amar

CUIDAR DE LO QUE ES NUESTRO PREDISPONE A RECIBIR MÁS

He observado que donde peor se trata al dinero en efectivo es en los países pobres. A menudo he oído a gente pobre maldecir el dinero. Lo que odiaban era su propia dependencia. La forma en que lo trataban mostraba, sin duda, su falta de respeto por él.

Es fácil entender por qué tendemos a ser más cuidadosos con lo que nos parece bello. Pero al maltratar lo que no nos gusta, en lugar de ver que nuestro entorno mejora, sucede lo contrario.

Así que, incluso si ahora mismo no vives en el lugar que te gusta y no tienes los muebles que quieres, da la gracias a este lugar, siéntete agradecido por lo que tienes, y así es como atraerás un lugar mejor para vivir. Lo sé por experiencia.

Si deseas vender tu casa y no puedes encontrar un comprador, da las gracias a cada una de las habitaciones por lo que te han aportado y desea que encuentre unos nuevos propietarios que sean felices allí. Incluso puedes preparar la casa para los siguientes propietarios, y verás cómo atraes a un comprador con más rapidez. Yo siempre lo he hecho así, y siempre ha funcionado.

CUIDAR EL MOBILIARIO URBANO Y HACER QUE LO RESPETEN PARA MANTENER UN ENTORNO ARMONIOSO

En las escuelas públicas, es común ver hasta qué punto puede deteriorarse el mobiliario. Debería ser elemental enseñar respeto a los escolares haciéndolos participar en el trabajo de mantenimiento de su escuela y en la compra y venta de sus libros escolares.

En las escuelas privadas, que no son gratuitas, es normal que al principio del año escolar los estudiantes vendan sus libros a los de la clase anterior y con el dinero que obtienen compren los libros a los estudiantes que hayan accedido al nivel superior. Eso es lo que hizo mi hija. Los hace responsables. En estas escuelas privadas, los estudiantes prestan mucha más atención a los muebles y a sus libros.

No permitamos que aquellos que no se respetan lo suficiente destruyan la belleza de nuestro entorno. No se trata de confrontarse con ellos, sino simplemente de llegar a la mejor parte de estas personas preguntándoles: «¿Crees que respetas este lugar actuando así?». Lo más probable es que cambien sus actitudes.

Estoy de acuerdo con Albert Einstein cuando dijo: «El mundo no será destruido por los que hacen el mal, sino por los que los miran sin hacer nada».

LA GRATITUD NECESITA SILENCIO

El silencio permite la atención, que a su vez fomenta la gratitud. Si permanecemos continuamente en el ruido, no podemos estar atentos a un maravilloso amanecer, no pensaremos en la persona que se levantó a las cuatro de la madrugada para preparar este estupendo pan o *croissant* de nuestro desayuno.

El silencio nos permite desarrollar una mejor escucha interior, estar más atentos a los demás y a todas las bendiciones que recibimos.

El silencio nos permite estar en comunión con lo Divino en nosotros. Fomenta nuestra creatividad.

A veces solo se necesita una buena idea para hacer una fortuna, y es en silencio como recibimos esta inspiración.

Cuanto más amemos el silencio, más fácil será para nosotros vivir en la gratitud.

Hace muchos años, asistí a las reuniones de la Hermandad Blanca en Montreal. Después de las canciones y enseñanzas, compartimos una comida en silencio. En ese momento, no entendía los beneficios del silencio. Hoy en día, estoy convencida de que permite una mejor asimilación de los alimentos que consumimos, así como estar más atentos a lo que pensamos o sentimos. ¡Son tantos los que sufren de trastornos alimentarios!

Una de las participantes en mis seminarios estaba especialmente delgada y me confió que, cuando vivía con sus padres, comer era siempre un momento de gran estrés. Cuando era pequeña, solía tardar mucho tiempo en comer; su padre le ponía un despertador delante y le decía: «Tienes diez minutos para terminar de comer». Se forzaba a tragar esa comida que no tenía nada de nutritiva para ella. Comer se había convertido en un momento muy desagradable.

LA GRATITUD NOS PROPORCIONA ENERGÍA

Empieza el día disfrutando de todo lo que nos rodea: el lugar donde vivimos, el sol brillando, los pájaros cantando, cualquier cosa puede darnos energía.

Incluso un inmigrante ilegal en un refugio improvisado puede decir gracias. Gracias por despertar sin oír el sonido de las bombas y por la libertad de que disfruta. La gratitud nos inspira entusiasmo y dinamismo.

Si te despiertas pensando: «Otro día sin saber qué hacer...», no será nada motivador. Pero dar las gracias por el día que tenemos por delante nos pone en un estado de ánimo que puede atraer agradables sorpresas.

LA GRATITUD NOS PROTEGE DEL DESÁNIMO

Se cuenta la historia de un hombre que encontró el almacén donde Satanás guardaba las malas semillas: los celos, la envidia, la codicia, la ira, el resentimiento, el odio, la mezquindad, todas esas semillas que sembró en el corazón de los hombres. Nuestro hombre había notado que la mayor reserva de semillas que Satanás guardaba era la del desánimo. Pronto descubrió que estas semillas, más que ninguna otra, podían echar raíces en casi cualquier corazón. Cuando Satanás fue interrogado, tuvo dificultades para admitir que había un tipo de corazón donde sus semillas no brotaban. «¿Qué tipo?», preguntó el hombre. Satanás respondió: «En el corazón de una persona agradecida».

Tesalonicenses, 5: 18

LA GRATITUD FOMENTA EL ÉXITO

Antes de emprender lo que sea, podría ser aconsejable dar las gracias por la perfecta realización de nuestro proyecto. Pero podemos usar la gratitud en otros aspectos de nuestras vidas. Por ejemplo:

- Antes de una intervención quirúrgica, pues el hecho de dar las gracias nos sitúa en una disposición mental propicia para que todo vaya bien.
- Antes de un examen o de un concurso; agradecer atrae el éxito.
- Antes de volar; agradecer este buen viaje puede darnos una sensación de seguridad.

También podemos dar las gracias por las dificultades a las que nos enfrentamos. Esto solo puede atraernos las soluciones más apropiadas.

Vivir con gratitud puede convertirse en un hábito, y después en un estado de ánimo que nos haga felices.

Estas son solo algunas sugerencias que puedes escribir en un pedazo de papel para recordarlas. Si practicas el agradecimiento durante veintiún días, se convertirá en un hábito que te será muy favorable.

Cuando despiertes, piensa en lo afortunado que eres de estar vivo. Da las gracias a tu cuerpo con estiramientos. Agradece tu salud, la energía que te anima, que te permite permanecer activo y poder dedicarte a las actividades de este día que te espera.

Puedes dar las gracias por tus ojos, que te permiten ver el sol, la naturaleza que te rodea o la sonrisa de la persona que amas. Si puedes aspirar un buen aroma de café o el olor de la fruta fresca, también puedes dar las gracias por tu sentido del olfato.

Da las gracias por todo lo que te beneficia recordando que todo lo que tienes a tu disposición es solo un préstamo. Viniste desnudo, y no te llevarás nada cuando salgas de este mundo. Puedes darle las gracias a tu cama, a tu habitación, a tu casa... Gracias por el agua cuando te duches...

Luego, cuando desayunes, recuerda agradecer los alimentos. Puedes pedir que todos los seres de esta tierra también tengan algo para comer o pronunciar la benedícite,* que está más o menos expresada de la siguiente manera: «Señor, bendice estos alimentos y a todos los que han contribuido, y proporciona alimento a los hambrientos. ¡Amén!».

Si usas tu automóvil, algún otro tipo de vehículo o el transporte público para ir al trabajo o a la escuela, dales las gracias por poder

* Oración en latín que se reza en comunidades religiosas para bendecir la comida al sentarse a la mesa.

utilizarlos. Y, de camino, piensa en la gente que amas. Tu cónyuge, tus hijos, tus nietos, tus amigos... Piensa en lo que aprecias de ellos y siente la suerte que tienes de que estén en tu vida. Si escuchas música en la radio, da las gracias a tus oídos, que te permiten no solo escuchar, sino también ser capaz de comunicarte con los que te rodean.

Si estudias, cuando llegues a tu lugar de formación, da las gracias por tus compañeros, tus profesores... Si trabajas, da las gracias por tu jefe, tus directores, tus colegas... Gracias por todo lo que aprenderás durante este día.

Gracias por las buenas ideas que puedas tener, por la colaboración con los demás, por los clientes y por la prosperidad de tu empresa...

Mantén esta actitud de gratitud durante todo el día.

Antes de que te duermas, puedes dar las gracias por el día que has tenido, por todo lo que has recibido. También da las gracias por la oportunidad de vivir en un país que no está en guerra y reza por la paz mundial.

EXPRESAR NUESTRA GRATITUD POR LO QUE ESTÁ TERMINANDO, PARA PREPARARSE MEJOR PARA LO QUE ESTÁ COMENZANDO

Tener resentimiento o rencor por una situación pasada es seguir llevando grilletes. Para liberarse de ellos, la mejor manera es agradecer esas experiencias, incluso dolorosas, porque nos han permitido aprender y ser quienes somos hoy.

Así, si termina una relación amistosa, profesional o romántica, puedes escribir una carta de agradecimiento a esa persona o a esa situación con la que te has encontrado, para prepararte mejor para la nueva relación que te espera. Puedes guardarte esta carta para ti mismo o quemarla para enviarla en forma de energía.

Cada fin de año nos da la oportunidad de hacer balance y agradecer todo lo que hemos recibido, y también nos permite concretar nuestras peticiones para el próximo año. De eso trata la temporada navideña.

En muchos países, el Día de Acción de Gracias se festeja para celebrar las cosechas y dar gracias por las bendiciones recibidas durante el año.

La celebración de la Navidad tiene sus orígenes en antiguas civilizaciones, que celebraban el solsticio de invierno invocando a las divinidades asociadas con la fertilidad y la luz. Era una forma de agradecer la vida y la abundancia de las cosechas. Entre los romanos, en la época en que vivió Jesús, se celebraba a Saturno, dios de la siembra y del tiempo, representado con una hoz y un reloj de arena. Se celebraba una gran fiesta (Saturnales) para festejar el solsticio de invierno, del 17 al 24 de diciembre. Era un tiempo de celebración en el que se abolían las barreras sociales.

Se organizaban comidas suntuosas, se intercambiaban regalos, se daban figuritas a los niños y en las casas se colocaban plantas verdes, acebo, muérdago o hiedra. Se comía, bebía, jugaba, bailaba... a veces en exceso.

Esta temporada navideña estuvo marcada por Jano, una deidad de dos caras, una que representa el pasado y la otra el futuro. Este es el origen del mes de enero o «mes de Jano».

El 25 de diciembre era el día de *natali invictis solis* ('día del nacimiento del sol invicto'). La palabra *Navidad* en sí misma proviene del latín *dies natalis Domine* ('día del nacimiento del Señor'), que dio lugar a *natale* en latín e italiano, Navidad en español... Todo indica que Jesús habría nacido en primavera, ya que se dice en el Evangelio que los pastores habían pasado la noche en los campos: es improbable por tanto que fuera en invierno. En el siglo III, cuando la Iglesia comenzó a expandirse, los cristianos desafiaron las costumbres romanas (culto a Mitra y Saturnalia). Para apartar a los fieles de los cultos paganos, decidió de una manera muy inteligente celebrar el nacimiento de Jesús primero el 6 de enero, y luego el

25 de diciembre, el día del sol invicto. Sin embargo, no fue hasta el siglo VIII cuando la Navidad se convirtió en una fiesta oficial.

Desde mi regreso de la India, y después cada 31 de diciembre o en los primeros días del año, en el mes de Jano, hago balance de lo que he vivido durante el año pasado, agradeciendo todos los momentos maravillosos. Doy gracias por los buenos alimentos que he tomado, por los viajes que he hecho, por los nuevos amigos que he conocido, por los regalos y oportunidades que me han ofrecido, pero también por las lecciones que he podido integrar, por el amor que he compartido y por la abundancia que he podido disfrutar.

Luego repaso las peticiones que escribí el año anterior y agradezco por todas las que se han hecho realidad. Debo admitir que, en general, más del ochenta por ciento de mis peticiones se cumplen.

Luego escribo las novedades. Me proporciona una sensación de satisfacción que aumenta de año en año.

La plenitud total llega cuando ya no quieres nada y das las gracias por todo. No podemos apreciar el momento presente, en el que reside esta plenitud, cuando lamentamos lo que tuvimos ayer y nos preocupamos por el mañana.

Cuando se entiende lo mucho que un corazón agradecido atrae la abundancia, ya no tenemos miedo de perdernos nada.

Capítulo 12

Me tomo un tiempo para vivir

La alegría está en todo; hay que saber extraerla.

Confucio, 555-479 a. C.

A los cuarenta años fui a visitar a la madre de mi mejor amiga de la infancia, a cuya casa iba a menudo. Había perdido a su marido unos años antes. Se hallaba sentada en el sofá con la mirada perdida. No supe qué decirle y pensé en mi infancia cuando iba a su casa a jugar con su hija. Le dije: «¡Qué rápido ha pasado la vida!». Ella asintió con una pequeña sonrisa.

Creo que esa mujer en su sofá estaba esperando para irse. No tenía más proyectos, no más por lo que valiera la pena vivir. Ella tenía todo el tiempo del mundo para aburrirse, mientras yo corría tras el tiempo.

Odiaba haber cumplido veinte años, pero luego el tiempo pasó sin que me diera cuenta.

Cuando estás involucrado en demasiadas actividades, no tienes tiempo para vivir, simplemente tratas de asumir tus compromisos.

Pero inevitablemente llega el día en que te preguntas: «¿Qué he hecho todos estos años?».

¿Qué sentido tiene hacer una fortuna si no puedes disfrutarla? ¿De qué sirve trabajar incansablemente si te vas a dejar la salud en ello?

Un hombre rompía piedras para hacer adoquines. Un desconocido se detuvo ante él y le preguntó:

–¿Por qué estás rompiendo estas piedras?

–Para ganar dinero.

–Pero ¿para qué ganar dinero?

–Para comprar comida.

–Pero ¿por qué comprar comida?

–Para estar sano.

–Pero ¿por qué estar sano?

–¡Para poder romper piedras!

Cuando solo hemos aprendido a sobrevivir, nuestras vidas son como las de este hombre. No somos conscientes de estar simplemente sobreviviendo, como tampoco lo era él. Para él, la vida era así. Incluso estaba feliz de tener un trabajo.

Nunca había pensado en esto hasta que decidí tomarme un año sabático para disponer de tiempo para vivir. Al principio pensé que me dedicaría a leer, relajarme, escribir... pero lo cierto es que pasé gran parte de mi tiempo resolviendo un problema tras otro. A finales de noviembre, cuando pensé que lo había arreglado todo y que finalmente iba a poder disfrutarlo, sufrí un accidente de coche, así que me vi privada de mi vehículo y pasé gran parte de mi tiempo al teléfono tratando de conseguir la liquidación del seguro para poder recuperar el vehículo. Me costó varios meses, y cuando pude recuperar mi coche, ya era hora de abandonar mi pequeño paraíso para volver al trabajo. No había aprovechado ese tiempo que me había concedido a mí misma.

Medité sobre esa experiencia, tratando de entender lo que debía aprender de esa situación. Me di cuenta de que no sabía cómo vivir, solo sabía cómo sobrevivir. Eso es lo que había aprendido de mi madre, que nunca se detuvo, y que yo transmitía a mi hija con mi ejemplo. De repente, ¡acababa de entenderlo!

Cuando solo sabemos cómo sobrevivir, inevitablemente creamos condiciones de supervivencia.

Cuando provienes de un entorno precario o violento, a menudo tienes mucho más aprendido el sobrevivir que el vivir. Y eso es lo que estamos continuamente recreando en nuestras vidas. Ya sea en nuestra relación de pareja, en nuestra familia o en el trabajo... Esto puede hacernos entender las dificultades económicas, la pobreza...

Hemos visto a deportistas de alto nivel o artistas que procedían de entornos pobres que, después de ganar una fortuna, fueron injustamente acusados y tuvieron que gastar una gran parte de ese dinero en abogados para defenderse. Aunque se hicieron muy ricos, sus vidas han sido, sin embargo, una lucha constante.

Así que pensé en la palabra *vivir*. Busqué definiciones en el diccionario, pero no respondían al sentido que yo buscaba. Al meditar sobre lo que podría significar *vivir*, llegué a la conclusión de que **vivir es tener la libertad de tomar decisiones y los medios para hacer lo que queramos**.

Ese hombre que rompía piedras ¿creía que gozaba de la libertad para hacer lo que quería?

Si hubiera tenido libertad de elección y los medios para hacer lo que quisiera, ¿habría querido seguir rompiendo piedras?

Algunas personas solo viven cuando están de vacaciones. Solo entonces hacen lo que les gusta y disfrutan cada momento al máximo. Otras, incluso de vacaciones, se encuentran en situación de supervivencia y continúan luchando para salvaguardar su relación o su salud.

Una amiga me escribió lo siguiente:

> Mi esposo y yo habíamos hecho un viaje de ensueño. Por una vez no me había llevado trabajo conmigo. Unas vacaciones de verdad. Después de tres días, me vi sometida a un dolor horrible en la espalda; lo intentamos todo con los médicos del pequeño hospital de la isla (doble inyección en el brazo, luego inyección intramuscular en el glúteo, y finalmente, bajo la epidural, infiltración de cortisona directamente en la columna vertebral). Bajó el dolor, pero tres días después, a pesar de dos visitas diarias del médico en el hotel para volver a hacer infiltraciones, no mejoraba y tuve que ser repatriada.

¿Sería posible que esta persona pueda cargar con culpabilidad relacionada con el placer y que no se permita pasar un buen rato si no dedica algo de su tiempo a trabajar? ¿Le habrían enseñado que «el trabajo primero y el placer después»?

Y tú, ¿tienes la libertad de elegir y los medios para hacer lo que quieras?

Si debes hacer esfuerzos continuos para mantener el trabajo que haces, incluso si es un trabajo que te gusta, tal vez estés en el modo supervivencia.

Un hombre afectado de linfoma solo sabía trabajar. Para él, la vida era una lucha perpetua. Este hombre venía de una familia pobre, siempre había visto a sus padres trabajando de la mañana a la noche. A pesar de que era dueño de varios edificios que le proporcionaban rentas, estaba atrayendo situaciones que no le permitían detenerse.

A una persona que todavía trabajaba con más de setenta años se le preguntó: «¿Cuándo vas a parar?». «¡Nunca!», contestó. Lo que quiso decir fue: «No puedo permitírmelo». Como siempre estaba en el modo supervivencia, atrajo las circunstancias para continuar así.

Un hombre contrajo neumonía. Nunca dejó de trabajar, ni siquiera agotado, y continuó diciéndose a sí mismo: «No es vida».

El trabajo primero, el placer después

Cedric llevaba diez años sufriendo de acúfenos.* Estaba desesperado. Había intentado todo para liberarse de ellos.

–Nunca estoy bien, ni con ruido ni en silencio –me confió–. Estos acúfenos están convirtiendo mi vida en un infierno.

–¿Cuándo comenzaron?

–Recuerdo que estaba en la universidad, tenía tres exámenes que preparar y mi novia quería que fuéramos a una fiesta. Me preocupaban los exámenes y quería estudiar, pero finalmente cedí. Fui a esa fiesta, pero no estaba de humor para divertirme cuando ella quería divertirse. Sentí que estaba decepcionada. Cuando llegamos a casa, tuve un poco de fiebre, y fue al día siguiente cuando comenzaron los acúfenos, primero en el oído derecho, y después en el oído izquierdo. Más tarde se extendió a ambos oídos.

–Mientras ibas a la universidad, ¿escuchaste algo que pudiera haberte molestado?

–Sí, mi padre estaba peleando con mi madre. Me puse tapones en los oídos para no oírlos y poder concentrarme en mis estudios. También hubo un ruido de los vecinos, una aspiradora que no se paró.

–Cuando estabas en tu habitación con tus tapones en los oídos tratando de concentrarte en lo que necesitabas estudiar, pero tus padres estaban peleando y tus vecinos usando la aspiradora, ¿cuál era tu verdadera necesidad?

–Salir... Encontrarme con mis amigos para divertirme.

* La autora relata en forma abreviada una consulta de más de dos horas.

—¿Podría ser que te impusieras estudiar cuando querías divertirte?

—Sí, me enseñaron que el trabajo primero y el placer después. Quería ser serio. Quería tener éxito para que mis padres estuvieran orgullosos de mí.

—Y cuando estabas en esa fiesta con tu novia, ¿podría ser que quisieras divertirte con ella, pero no te diste permiso porque tenías demasiado miedo de suspender los exámenes si no estudiabas?

—Sí, y también me sentí culpable por arruinar sus ganas de disfrutar.

—¿No crees que de haber pasado una buena velada con tu novia, eso podría haberte dado más energía para dedicarte a tu trabajo después? Arruinarte la noche podría crearte un conflicto con tu novia y alterar aún más tu concentración.

—Eso es lo que pasó, tuvimos una pelea cuando llegamos a casa.

—¿Eso te ayudó a trabajar mejor?

—No.

—Si hubieras pasado una buena noche con tu novia y le hubieras pedido que te diera unos días libres para estudiar, ¿crees que te habría dado la energía para concentrarte mejor?

—Sí, creo que sí.

—¿Estarías de acuerdo en que el **trabajo impuesto = bajo rendimiento;** y el **placer primero = mejor eficiencia después?**

—Nunca lo había considerado de esa manera porque siempre me han enseñado lo contrario, pero ahora sé cómo atender mejor a mis necesidades, y eso me proporciona una clave maravillosa para saber cómo vivir plenamente.

Cualquier forma de dependencia que limite nuestra libertad nos mantiene en el modo supervivencia.

Esta dependencia de un vecino o jefe puede ser desagradable. Tenemos que soportarlo porque no podemos permitirnos el lujo de hacerlo de otra manera.

Puede ser con una administración que nos retiene unos impuestos muy altos en la nómina, de manera que no hagamos más que trabajar para llegar a fin de mes y eso ya no nos dé tiempo para vivir.

Puede ser con una secta a la que incluso hemos entregado nuestra libertad de pensamiento.

Puede ser con un progenitor ante el cual uno se siente continuamente obligado y responsable.

Puede ser con un hijo o unos padres enfermos que dependan completamente de nosotros.

Una de las participantes en mis seminarios me dijo que había desarrollado un cáncer porque ya no podía cuidar de sus padres. La enfermedad le había servido de excusa para poder vivir para sí misma. Pero, al mismo tiempo, le impidió sacar provecho de su vida.

Para salir de este modo supervivencia, es muy importante hacerse consciente para detener el autosabotaje y desarrollar el hábito de aprovechar cada pequeño momento y vivir la vida plenamente.

¿Podría ser que la mayoría de los seres humanos esté sobreviviendo, porque les han hecho creer que la vida es así, porque no se les ha enseñado que pueden ser dueños de sus propias vidas y vivir con éxito, prosperidad y realización?

Y tú, ¿ya lo sabes?

¿Y qué puede cambiar el hecho de saberlo? ¿Estás listo para hacer que todo eso cambie?

Tomarse un tiempo para vivir forma parte de la abundancia

La abundancia no es acumular sin disfrutar. La abundancia es vivir plenamente la vida que quieres vivir.

Epílogo

Nuestros sueños son comparables a una cumbre que queremos alcanzar. Si nos olvidamos de disfrutar del camino que nos lleva hasta ella y no logramos nuestro objetivo, la vida puede parecernos un fracaso, mientras que si disfrutamos del recorrido, incluso aunque no lleguemos a la cumbre, sentiremos que hemos vivido bien nuestras vidas.

Que este libro te haya enseñado cómo abrir la puerta de la abundancia para que ahora sepas cómo vivir tu vida plenamente, de acuerdo con las leyes de la prosperidad y la felicidad.

Te lo deseo de todo corazón.

La mejor manera de ser útil a nuestros hermanos y hermanas en esta tierra es inspirarlos con nuestro propio ejemplo.

Para llegar más lejos

¿Te ha gustado este libro? ¿Te gustaría conocer a Claudia Rainville, participar en una de sus conferencias, inscribirte en uno de los seminarios que ha creado o iniciar una formación en metamedicina?

Te invito a visitar nuestra página web, www.metamedecine.com, para descubrir lo que es la metamedicina, para conocer las fechas y lugares de celebración de conferencias y seminarios, o para obtener información de contacto de un proveedor de metamedicina cerca de tu lugar de residencia.